坦诚管理

如何营造讲真话的工作环境

［英］瓦尔·赖特（Val Wright）·著
吴天骄·译

Words that Work:
Communicate Your Purpose, Your Profits and Your Performance

中国科学技术出版社
·北 京·

© Val Wright, 2022.

This translation of Words That Work is published by arrangement with Kogan Page.
北京市版权局著作权合同登记　图字：01-2022-4956。

图书在版编目（CIP）数据

坦诚管理：如何营造讲真话的工作环境 /（英）瓦尔·赖特（Val Wright）著；吴天骄译 . — 北京：中国科学技术出版社，2023.4

书名原文：Words that Work: Communicate Your Purpose, Your Profits and Your Performance

ISBN 978-7-5046-9918-3

Ⅰ . ①坦… Ⅱ . ①瓦… ②吴… Ⅲ . ①企业管理 Ⅳ . ① F272

中国国家版本馆 CIP 数据核字（2023）第 029245 号

策划编辑	褚福祎	责任编辑	褚福祎
封面设计	仙境设计	版式设计	蚂蚁设计
责任校对	邓雪梅	责任印制	李晓霖

出　　版	中国科学技术出版社
发　　行	中国科学技术出版社有限公司发行部
地　　址	北京市海淀区中关村南大街 16 号
邮　　编	100081
发行电话	010-62173865
传　　真	010-62173081
网　　址	http://www.cspbooks.com.cn

开　　本	880mm×1230mm　1/32
字　　数	158 千字
印　　张	8
版　　次	2023 年 4 月第 1 版
印　　次	2023 年 4 月第 1 次印刷
印　　刷	北京盛通印刷股份有限公司
书　　号	ISBN 978-7-5046-9918-3/F·1090
定　　价	69.00 元

（凡购买本社图书，如有缺页、倒页、脱页者，本社发行部负责调换）

致谢

我一共写了3本书，而本书一直是我的最爱。因为在本书中，我可以和大家分享那些首席执行官和其他高管告诉我的广受欢迎的有效建议。如果没有下面这些人的支持，本书最初只不过是我之前一本书中的一个段落，不可能发展成一本书。

如果不是有幸曾与很多才华横溢的全球高管共过事，我永远也写不出本书。我从他们身上学到了很多东西，也为他们提供了很多帮助。

约翰·施耐德（John Schneider，美国演员、编剧）一直坚持不懈地告诉我，我必须在我们共事的过程中写这本书。很感激你的坚持！

感谢克里斯·卡德莫尔（Chris Cudmore）、马丁·希尔（Martin Hill）、杰尼·哈里亚（Jaini Haria）、瓦妮萨·鲁埃达（Vanessa Rueda）、南希·华莱士（Nancy Wallace）、希瑟·兰格里奇（Heather Langridge）、泽克斯纳·奥帕拉（Zexna Opara）以及科根佩奇出版社（Kogan Page）的杰出团队，是你们睿智的建议和指导让本书得以诞生，我迫不及待地想把本书交到每一位可能成为目标读者的领导者手中！

最后，要感谢我的丈夫安迪（Andy），当他知道我需要暂时放下对女儿们的家庭教育，全身心地投入写作中时，他把我送到棕榈泉酒店待了一个星期。

前言

当纽约百老汇或伦敦西区的演出开幕时，所有演员都知道自己的台词。在美国超级碗（Super Bowl）、世界杯足球赛或网球大满贯赛事到来之际，运动员们都会精心准备。然而，在世界各地的会议室里，对事关数百万美元投资的对话，领导者们一开始的准备并不充分。通常情况下，领导者们没完没了地核实财务数据，并花费太长时间来决定在演示文稿中使用哪种字体或图形，这一切均不利于他们准备要说的确切内容。本书通过分享星巴克、微软公司、亚马逊和宝马公司等世界领先企业的首席执行官和其他高管先后采用过的精确表达方法，为领导者提供了在关键业务场景中成功对话的方法。

身为首席执行官或其他高管，每一次谈话关乎的利益得失都非同寻常。在董事会会议、投资者电话会议、媒体采访、客户互动和员工对话中，数百万甚至数十亿美元的资金都面临风险。最成功的高管都知道这一点，他们会投入时间，深思熟虑并有意识地进行准备，同时不断提高在沟通方面的知识和技能，以推动企业的利润增长。

从新的时代背景中脱颖而出，需要新的沟通技巧。与客户、员工和投资者互动的常见方式需要被质疑、挑战和改变。

在本书中，我们将按下暂停键，解构有效沟通和无效沟通的话语。我会给你一个"重点用语"列表，列出在各种情况下可以说的备选话语。如果你像我一样注意力不够集中，请跳到书后的"重点用语"一章，在那里你可以快捷地找到话语集，其中列出了在实际场景中简单有效的话语。

本书的设计旨在阅读时你可以选择自己的阅读方法。你无须按照从第一章到第十二章的顺序阅读它。选择一个最吸引你的章节，从那里开始读。快速浏览，然后停在看起来最有趣的地方。

在我的《快速增长，正确执行》（Rapid Growth, Done Right）一书中，我分享了两个故事。第一个故事是关于一位首席信息官如何向董事会做报告并征求我的建议。在这个故事中，我解释了我的"有效沟通言辞"的三大原则，即目的、准备和实践，并且提出了建议，告诉她说什么和什么时候说。我们讨论了讲稿。问的问题要准确，使用的短语也要精准。第二个故事是另一位客户练习对话，准备与她的部门经理进行一对一的对话。令她感到沮丧的是，当她被聘用时，关于晋升的承诺并没有像她希望的那样被迅速兑现。针对这一问题她进行了练习，和她的部门经理进行了对话，并在接下来的一周被告知她的团队规模将翻倍。这很重要，因为她的部门经理马上要去休假，如果她没有进行这次谈话，那这件事至少要在 6 个月后才会得到解决。

当我在那本书中写到这些故事时，我为读者提供了一个额外的奖励，即针对每个读者的具体情况提供"有效沟通言辞"的免费建议。我告诉读者，他们可以通过短信与我联系，说明他们的情况和想要得到的结果。然后我会提供一些有效沟通言辞的建议。结果，我收到了来自世界各地的数百条短信，短信基本都是咨询特定情境下沟通言辞的建议。甚至有很多领导者问我，是否愿意就此主题专门写一本书，这最终促使我撰写了本书。

通过阅读本书，你可以从这些首席执行官、高管们所使用的策略、话语和工具中受益。他们曾经有过相似的工作经历，说过这些话，并且取得了卓越的经营业绩。我曾经与世界上最有权势的高管们打过交道，本书就出自我与这些高管们打交道的亲身经历，在本书的帮助下，你再也不会忘记你要说的话了。现在看看你的成绩吧，在本书的帮助下，你的利润将再创新高。

目录

第一章　创建讲真话的公司氛围 / 001

第二章　完善绩效管理 / 029

第三章　促进真诚合作 / 053

第四章　引发改变的内部沟通 / 073

第五章　客户是核心 / 091

第六章　登月计划 / 115

第七章　如何去爱你的情绪 / 131

第八章　利用董事会的力量 / 159

第九章　把外部沟通转化为你的优势 / 171

第十章　高管如何面对履新就职 / 191

第十一章　助你成功的行动手册 / 209

重点用语 / 227

参考文献 / 245

第一章

创建讲真话的公司氛围

▶ 坦诚管理：如何营造讲真话的工作环境

> **本章主题**
>
> - 讲真话从首席执行官开始
> - 直抒胸臆，无须顾忌
> - 创建一个能让人讲真话的公司
> - 拆除高管的绝缘层
> - 暂停游戏，游戏开始
> - 界定并分享公司真正关心之事
> - 其他快速说出真相的有效沟通言辞

身边的人对你讲的是不是真话，你真的知道吗？

没人愿意上当受骗，但谎言却无处不在。没人愿意承认自己偶尔会撒谎，但他们却虚伪地期望别人一直讲真话。从小到大，有人告诉我，如果可以避免伤害别人的感情，那么说些善意的谎言也无妨。但若是小的、善意的谎言变成了大的、极具危险的谎言会怎么样呢？就像由瑞茜·威瑟斯彭（Reese Witherspoon，美国演员）和妮可·基德曼（Nicole Kidman，澳大利亚演员、制片人）主演的美国电视剧《大小谎言》（*Big Little Lies*）那样，小的谎言可能会迅速失控，最终带来灾难性的后果。

第一章　创建讲真话的公司氛围

　　2015 年，在某共享办公空间公司 A 公司的总部，《福布斯》杂志的编辑亚当·康伦（Adam Konran）对咖啡师说："这不是我点的。我想要一杯拿铁。"咖啡师热情地回答道："哦，在这儿，我们把拿铁叫作卡布奇诺，把卡布奇诺叫作拿铁。"这让康伦非常吃惊。为什么会出现咖啡名称混乱的情况？此事的起因是，A 公司的首席执行官坚持说他最爱喝的咖啡是拿铁，可他想要的其实是卡布奇诺。有人对他讲真话、纠正他，并说明他的错误吗？完全没有。相反，咖啡师和总部的所有员工给咖啡重新起了名字，以迁就他对咖啡名称的错误认知，因为与热牛奶相比，这位首席执行官更喜欢奶泡。[①]

　　这个听起来不太真实的故事就是"皇帝的新衣"的现代版。在该公司，没有一个人觉得可以对他们的这位首席执行官说关于咖啡的真话。相反，这成了该公司企业文化中点咖啡时常见的一幕。每次有实习生、新员工、新高管或访客点咖啡时，该公司的老员工都会配合更改咖啡的名称，向那些不知情的人解释因他们的首席执行官而造成的假象。这就引出了一个问题：如果在咖啡的问题上不够诚实，那么，他们还隐瞒了什么真相，或者还说了什么谎呢？

[①] 卡布奇诺中有奶泡，而拿铁中只有普通牛奶，没有奶泡。——编者注

▶ 坦诚管理：如何营造讲真话的工作环境

　　本章旨在帮助读者区分真话和谎言。它提供了与那些被蒙蔽的首席执行官"内部接触"的机会，并帮助他们了解创建讲真话的公司的方法。如果在公司里大家都讲真话，那么带来的收益和利润会超出所有人的预期。本章还提供了一个工具包，可以助你直抒胸臆，无须顾忌说话内容，也不用担心别人会怎样接受你的想法。本章回顾了近年来企业历史上最大的小谎言，以及它们的重要性，我们从最关键的一点开始你的有效沟通之旅，确保你被告知真相，能分享真相，并知道如何辨别谎言。

　　你对真话的反应方式会影响其他人：要么你讲真话，从而带动大家都讲真话；要么人们会慢慢意识到你其实并不想了解他们的想法，因此他们会回避、掩饰，或者无论你说什么他们都只是盲目赞同。事后看来，我们很容易把上文中 A 公司的咖啡事件与其最终的财务危机联系起来，小事情会导致更大的行为模式混乱。上文中 A 公司的一连串事件不只是咖啡名称混乱。信息规避和被规避的信息对公司的真正影响及结果缺乏澄清，这些均有完备记载。就像富国银行（Wells Fargo）和大众汽车牵涉的著名企业丑闻一样，发生这些事件共同的原因是：没人觉得能讲真话。那么，你究竟该如何创建和维护可以畅所欲言的工作环境呢？

讲真话从首席执行官开始

事情往往从高层开始，尤其是讲真话。如果你是一家公司的首席执行官，那么你可能就是能让公司里的其他人讲真话的最佳人选。如果不是，你仍有可能产生影响，但通往真相的道路会更长一些。

2017 年，A 公司的估值为 470 亿美元，尚不清楚是谁在试图说出真相，但如果你看了美国视频网站葫芦网（Hulu）的相关纪录片《众创空间：470 亿美元的独角兽的崛起与破灭》（*WeWork: The Making and Breaking of a $47 Billion Unicorn*），你会看到大量的事后真相说明。当你所谈论的那家公司不再给你发工资的时候，讲真话就变得容易多了！

天文数字的估值是基于该公司是一家科技公司的观点得出的，但其天文数字的估值没有任何事实依据。不幸的现实是，它从事的是房地产业务，却把自己包装成一家科技公司以吸引人们得出这样的估值。Hulu 纪录片中的访谈披露了这家科技公司估值的确切依据——它是一个被大肆炒作却很少使用的内部社交网络。该公司的前员工透露，该社交网络被作为公司核心的、关键的差异化因素被推销给投资者。但实际情况是，很少有人真正使用它。因此，关于咖啡名称的混乱就像煤矿里的金丝雀[①]，是危险的预兆。许多该公司的投资者肯定希望能更早了解实情。

你可能想知道，究竟怎样才能避免对公司业绩产生错觉的看法，以及如何向外界展示这些看法。

"恕我直言，因为我不知道比直话直说更好的办法。"

当素不相识的高管征求我的意见时，这就是我典型的开场白。那些了解我的人知道这正是他们想得到的，通常这正是他们想继续与我合作的原因。我不会对我的意见进行过滤、回避、事先警告、淡化或隐瞒，因为这正是首席执行官和高管们所需要的：诚实。毕竟，我只是发表我的意见。我总会澄清，这是否是基于我观察到的行为、我审查过的数据，还是我从别人那里听到的反馈，或者它是否不具有统计学意义，或者仅仅是一种直觉。我总是分享观感。这就是我作为外部策略和增长专家，为公司提供咨询的独特价值。当

[①] 金丝雀的特点是极易受有毒气体的侵害。早期在采矿设备相对简陋的条件下，英国矿井工人每次下井时都会带上金丝雀，把它作为防备井下有害气体和污染物的"生物报警器"。空气中若有极其微量的瓦斯，金丝雀就会焦躁啼叫。而当瓦斯含量超过一定限度时，金丝雀会中毒身亡，矿工就可迅速意识到矿井中的有毒气体浓度过高，从而及时撤离。——译者注

第一章　创建讲真话的公司氛围

你读到本章时，你面临的一个大问题是，你周围的人是否也一样直言不讳、畅所欲言。你可能会受到"讲真话的陷阱"的影响。

讲真话的陷阱

在微软、宝马、亚马逊和英国最大的通信和电子信息（IT）设备提供商马可尼公司（Marconi）工作的日子里，我发现"讲真话的陷阱"（见图 1-1）是我职业生涯中最令人沮丧的部分之一。

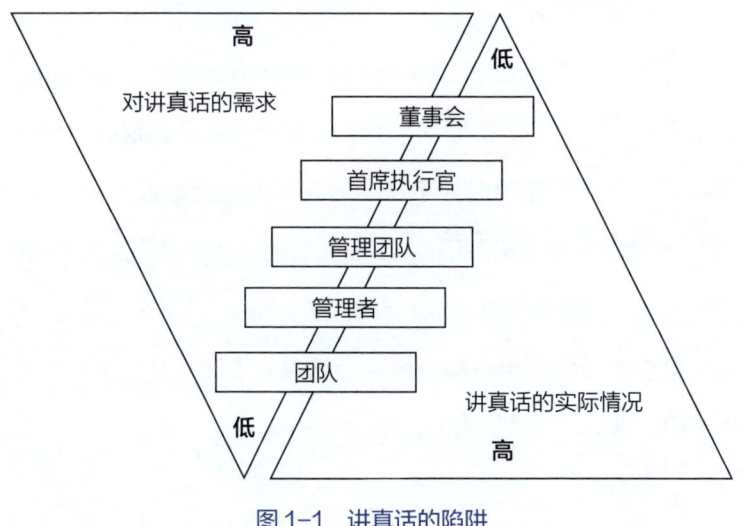

图 1-1　讲真话的陷阱

随着我在公司中的逐步晋升，"讲真话的陷阱"的存在变得越来越清晰，而且我发现它无处不在——从大型国际公司到家族企业，再到私营公司，"讲真话的陷阱"影响着各种规模的企业，对管理者和团队都有影响。这里有五个因素在起作用：

1. 你的职位越高，对你讲真话的人就越少

如果你是首席执行官或其他公司高层人士，请回想一下你职业生涯的早期阶段。还记得你的表现得到了多少真实反馈吗？你有没有注意到，当你升职后，真实反馈开始在你的整个职业生涯中逐渐消失？

"我需要你对这个收购策略提出未经过滤的建议。"

这是一位首席执行官客户打电话给我时说的话，当时她正在仔细研究两个有潜力的收购项目，这是公司发展计划的一部分。她在这家公司工作的时间不长，仍在努力改变这家公司"讲真话"（或者说是缺乏讲真话！）的企业文化，他们需要直截了当的评估。未经过滤的外部建议具有独特的价值，但身为领导者，你真正要做的是在公司内部释放未经过滤的建议，因为遗憾的是，太多的人害怕告诉高层人士真相。

2. 公司高层最需要真实的反馈

我参加过太多的产品评审、董事会讨论和领导层会议。在这些会议上，与会者可以被体育比赛前发放的那些摇头公仔所取代！如果连这些高管会议都不能给讲真话提供机会，那么高层领导者究竟应该从哪里获得真话和直接的反馈意见呢？

3. 你需要适应不自在

听真话不容易，听完可能会很尴尬、感觉难以接受，甚至痛苦。不是所有人都具备能够适应这些感觉的知识、技能或心态。在本书中，你将学习使用特定的工具、引用言辞，并准备好接受真实的反馈。好消息是，这一切都是可以学习的，但坏消息是，改变现状的最大障碍就是你自己。

4. 公司应该在讲真话方面花的时间被花在了错误的地方

每年有数十亿美元的资金被用于跨公司培训。其中大部分资金都花在了公司最基层的员工身上，而不是花在高层团队成员身上。参见图 1–1（参见第 7 页），讲真话的实际情况与讲真话的需求成反比。同样，在帮助那些需要帮助的人改变讲真话水平方面的投资也花在了错误的地方。当我在这里谈论培训和发展时，对于"投资"，我指的不是乏味的指导或学习指南，而是在时间、责任和资源上真正有意识地进行投入，以创建一家能够讲真话的公司。在第二章中，你将学习如何提高团队的绩效标准。在第八章中，你将学习如何解锁董事会的权力。最后，在第十一章中，你将获得实现这一切的工具手册。

5. 讲真话需要获得奖励

创建讲真话的公司的最后一个因素，或许也是最关键的因素，是如何奖励讲真话的人。2017 年的弗莱音乐节（Fyre Festival）备受诟病，因为它愚弄了所有人，让人们以为真的会有一个名流云集的豪华盛会，会有能上头条新闻的大音乐家参与，会提供高档住宿。事实上，这是一次非常糟糕的廉价"露营之旅"，食物匮乏，而且没有宣传中所称的娱乐。当会员订阅制的流媒体播放平台奈飞（Netflix）和亚马逊拍摄曝光真相的纪录片时，那些"事后诸葛亮"不遗余力地进行各种揭秘。我见过首席执行官们公开感谢那些指出他们所犯错误的真相讲述者。亚马逊有个领导原则，叫作"有骨气"。在我在亚马逊时尚领导团队的职业生涯中，如果你的直属领导不能提供强有力的证据证明，你曾在那些资历更老、职位更高的人面前表现得很有骨气，你就不可能被提升为经理、董事或副总裁。

直抒胸臆，无须顾忌

贵公司在多大程度上重视、呼吁、认可和奖励讲真话？现在，我们将探讨在无须顾忌所说内容的情况下，如何评估你和你所在的公司中的其他人能在多大程度上说出自己的想法。

讲真话测试

我曾对世界各地的公司进行过讲真话测试。讲真话是加速创新和效益增长的底线，因为如果你们之间不能坦诚相待，新的想法就无法获得传播。

请根据以下评分标准给每个问题打分：

1分：强烈反对。

2分：不赞同。

3分：既不赞同也不反对。

4分：赞同。

5分：强烈赞同。

第一部分——A：你

（1）我通常能及时收到好消息、一般的消息、坏消息。

（2）我会找出持相反观点的评论，即使觉得不自在也会积极接受它们。

（3）当我的想法行不通的时候，或者有更好的选择的时候，有人会告知我。

（4）在我管理的团队的讨论中，存在良性的分歧。

（5）在我领导的团队中，我积极鼓励、指导和奖励讲真话的人。

第二部分——B：你的直属领导

（1）对我而言，把好消息、一般的消息、坏消息告诉直属领导很容易。

（2）我的直属领导会找出与自己观点相反的观点，即使觉得不自在也会积极接受。

（3）当一些想法行不通的时候，或者有更好的选择的时候，我会告诉直属领导。

（4）在我直属领导的团队讨论中，存在良性的分歧。

（5）我的直属领导积极鼓励团队成员中的领头人，并奖励他们领导的团队中讲真话的人。

第三部分——C：你所在的公司

（1）在整个公司，向其他职能部门提供好消息、一般的消息、坏消息很容易。

（2）其他领导者会找出与自己观点相反的观点，即使觉得不自在也会积极接受。

（3）当想法行不通的时候，或者有更好的选择的时候，我会告诉其他职能部门和团队。

（4）在团队和职能部门的讨论中，存在良性的分歧。

（5）全公司的领导者都会鼓励团队成员中的领头人，并奖励他们带领的团队中讲真话的人。

计算讲真话的分数

首先，利用表1-1，计算每个部分的分数，再计算每个部分和整体的百分比分数。

第一章 创建讲真话的公司氛围

表 1-1 讲真话的分数

	评分（%）
A: 我是讲真话的榜样	/25
B: 我的直属领导是讲真话的榜样	/25
C: 我所在的公司是讲真话的榜样	/25
我们影响他人讲真话的评分（A+B+C）	/75

现在查看对相应分数的分析：

- **＞80%：讲真话的榜样**——恭喜！你已经掌握了创建一个团队的技巧，在这个团队中，你可以得到诚实的反馈。可能有个别问题需要关注，但要利用这个机会，通过鼓励你的团队成员和其他同事思考、讨论这些问题来增加他们讲真话的机会，并教会他们如何像你一样接受讲真话。

- **41%～79%：有讲真话的机会**——你周围有些区域可能有"真话绝缘层"。找出给你带来最大痛苦的是什么，找出需要最快改变的是什么。继续阅读本书，你可以找到打破这个绝缘层的工具和思路。一旦最初的改变就位，再选择另外两个改变，专注于这些改变，然后继续，直到你满意为止。

- **＜40%：在黑暗中**——小心！你如同置身于山洞之中，只能听到自己的回声！也许你刚刚接管了一个团队，加入了一家新公司，或者有更多的因素在起作用。与你信任的人讨论你的成果，并为你最关心的两个领域快速制订计划。继续阅读本书，找

013

到一些能帮助你的即时行动。

你可以选择只看关于你的结果，或者你可以选择扩展到看关于整个团队的结果。我所做的最有力的工作是，记录讲真话的反思发生在每个职能部门和其他地点的时间。我在图 1-2 中创建了"讲真话的三角形关系示意图"，让你直观地看到你、你的直属领导和你所在的公司对讲真话的期望与实际情况之间的比较。通过绘制各个百分比分数，你可以看到有相似之处的模式。你现在可以开始理解其中的相互作用了，这取决于你讲真话的情况是否与你的直属领导和你所在的公司一致。

在图上标记出三个部分讲真话的分数

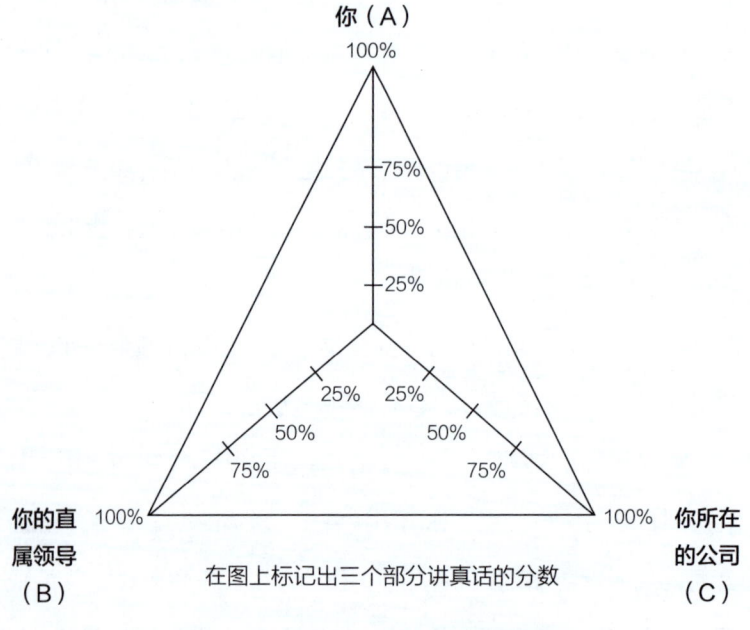

图 1-2　讲真话的三角形关系示意图

现在你可能已经开始意识到，在一个能影响他人讲真话的公司工作意味着什么。也许你已经经历过一次，或其中的一部分。如果你曾经感受过表达的自由，可以说出你的想法而不必担心遭到强烈反对或报复；无论多么困难，都有信心询问并接受真相，并看到高层领导以身作则，奖励你说出自己的想法，那么你就有了一个在能让人们讲真话的公司工作的经历。让我们来探索一家公司的历程。

创建一个能让人讲真话的公司

2020年，安德鲁·克拉克（Andrew Clarke）成为女装零售商弗朗西丝卡家（Francesca's）的首席执行官。令人惊讶的是，克拉克不得不应对一个重大的业务威胁：该公司的711家精品店和5000位员工严重缺乏讲真话的能力。作为9年来的第七位首席执行官，克拉克接手的这家公司经历了高管的快速轮换，以及策略和决策不断变化给人们带来的困惑。为解决这一难题，我使用图1-3"让人讲真话的量表"，让该公司的领导者了解他们所处的位置，以及他们怎样能够越过每一扇门，进入讲真话的下一个阶段，而不会再次跌入黑暗之中。

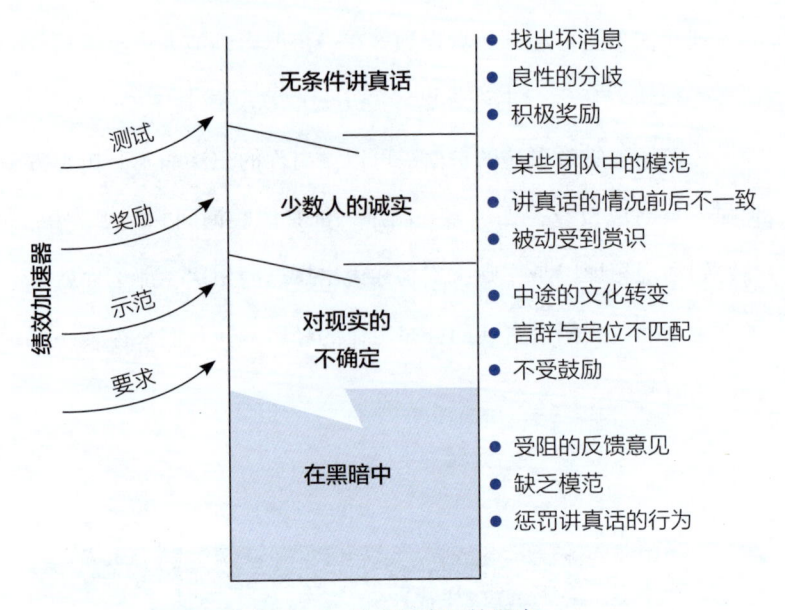

```
                                    ● 找出坏消息
              ┌─────────────────┐   ● 良性的分歧
         测试→│  无条件讲真话    │   ● 积极奖励
              │                  │
              ├─────────────┐    │   ● 某些团队中的模范
         奖励→│ 少数人的诚实 │    │   ● 讲真话的情况前后不一致
绩              │              │    │   ● 被动受到赏识
效            ├──────────┐  │    │
加    示范→  │ 对现实的   │  │    │   ● 中途的文化转变
速            │  不确定    │  │    │   ● 言辞与定位不匹配
器            ├──────┐    │  │    │   ● 不受鼓励
        要求→│       │   │  │    │
              │ 在黑暗中│   │  │    │   ● 受阻的反馈意见
              │         │   │  │    │   ● 缺乏模范
              └─────────┴───┴──┴────┘   ● 惩罚讲真话的行为
```

图 1-3　让人讲真话的量表

当克拉克接手时，弗朗西丝卡家正处在图 1-3 中的第一阶段：在黑暗中。没有人敢站出来说话，当顾客来到店里选购衣服时，店里的员工都严格按事先写好的措辞照本宣科。会议都提前演练过，员工的参与是精心安排过的，所有自发的想法和反馈都被扼杀了。

克拉克遵循图 1-3 中的"绩效加速器"行事，通过要求、示范、奖励和测试，让自己达到了"无条件讲真话"的理想水平。这使弗朗西丝卡家进入"让人讲真话的量表"的第二阶段：对现实的不确定。员工们最初的反应类似于你到了一个新的国家，那里的社会规则与你所习惯的完全相反：当每个人都想知道什么是安全和可接受的时候，会有一种尴尬的感觉。

让人讲真话的第三个阶段是少数人的诚实。特定的职能、位置或资历级别的人在示范讲真话，但这种情况还不普遍。

最终的目标是第四阶段：无条件讲真话。要到达这个阶段不能操之过急，不能作假，也不能低估。

拆除高管的绝缘层

首席执行官对员工的选择也有可能会扼杀其讲真话的能力。高管们会聘用那些和他们相似的人，聘用校友，聘用那些他们以前共事过的人，以及聘用那些偏重于他们专业知识的人，这并不罕见。如果首席执行官本身很懂技术，那么他可能会重视并聘用那些技术背景更强的人，或者那些来自技术前沿公司的人，但可能不会那么重视具有创意的人。同样的情况也会发生在那些有深厚财务专业背景的人身上，这也会造成一种不平衡，即很容易只是潜心钻研那些自己熟悉的主题和策略，而听不到不同的甚至完全相反的观点。这样你就创造了一个危险的绝缘层，这会阻止真相被告知和被探明。

你究竟要如何说服领导者听取意见呢？首先，你不仅要关注首席执行官的工作范畴，还要关注董事会和与高管团队合作的外部顾问，并确定他们中是否有人愿意毫无保留地说出意见并指出问题。更重要的是，你必须确定这些人的意见是否被认真听取，还有他们是否有改变的意愿。

当高管们在偏离真相的缓冲区里进行管理时，我称这个缓冲区为绝缘层。

思及至此，你可能认识将自己包裹在这个绝缘层中的高管。他们的行为表明，他们不想听到别人说他们处于绝缘层中。或者如果你真的告诉了他们，他们会用行动告诉你，绝对不能再跟他们说任何相反观点的话了！

为了真正能让人讲真话，从首席执行官和董事会到顾问、经理和团队成员，所有人都需要成为值得效仿的榜样。你可以使用图1-4中的"讲真话的进度跟踪器"快速创建整个公司讲真话的快照。你可以用简单的"+"表示积极，"–"表示消极，"?"表示不确定。

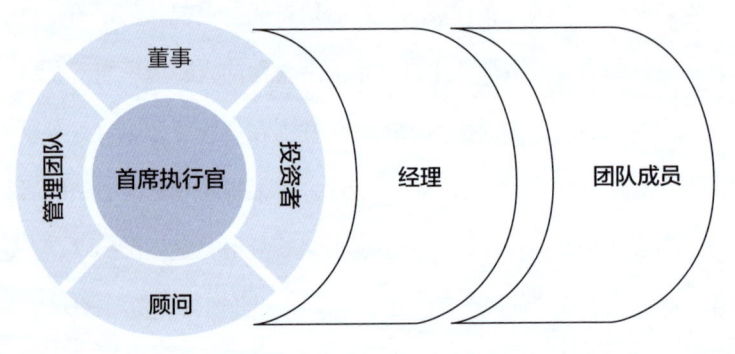

分级
+ 一贯讲真话
– 不讲真话，缺乏或不连贯地讲真话
? 未知水平的讲真话

图1-4 讲真话的进度跟踪器

第一章 创建讲真话的公司氛围

这可以让你评估和监控你的公司中存在的可能影响他人讲真话的地方。当你理解了本书中的观点时，你可以回来更新你的进度。

在弗朗西丝卡家，几个星期之后，一位新高管维多利亚·泰勒（Victoria Taylor）成为克拉克的同事，担任高级副总裁，负责管理销售，并为在整个公司提高讲真话的水平提供援助。她成为讲真话的榜样，她的言行也成为她同事的标准。可能是因为她在克拉克担任凯马特（Kmart）服装公司总裁时曾与他共事过，因此她比其他同事更有信心挑战克拉克接受真话的程度。当泰勒质疑一个特定的策略时，她说出了这句话（本书中我最喜欢的一个例子出现了）：

"还有没有其他人认为我们正在做的这件事顺序不对？"

> **解构有效沟通言辞**
>
> 以这个简单的句子为例，我来解释这句话很有力的原因。
>
> - 与其简单地说"你这样做是错误的"，不如用提问题的方式邀请别人从不同的角度来看待这件事。
> - 这将带来一个强有力的停顿，不是为了判断谁对谁错，而是为了深思熟虑，考虑另一种处理方法。
> - 它鼓励的是辩论，而不是异议。一家良性运转的、讲真话的公司乐于接受辩论，而这正是泰勒通过使用这些强有力的"有效沟通言辞"所创造的氛围。

讲真话的笔记

"让我们暂停这次谈话,分享一些内心的想法……"

在我于 2015 年写第一本书《考虑周到的冷酷无情》（*Thoughtfully Ruthless*）时,或者在 2019 年写第二本书《快速增长,正确执行》（*Rapid Growth, Done Right*）时,我绝对不可能写出前面这句话。当时,我没察觉到自己有一个神经多元化的大脑,没意识到自己的思维方式是与很多人不同的、独特的,也没意识到自己需要不同程度的护理和治疗。在过去的 2 年里,我一直被自己是多动症大脑,停不下来一直想东想西这件事困扰着,这让我不得不停下来,真正深入思考,询问其他人是如何沟通、学习和处理信息的。联想集团的办公室主任蕾切尔·卡纳莱斯（Rachel Canales）是我最喜欢的客户之一。3 个月来,她一直告诉我,有些人讨厌在书上写东西,但又喜欢在反思和学习的过程中把他们的想法写下来。我真的应该为那些人编写一本工作手册。我很感谢卡纳莱斯一直对我讲真话,这本工作手册能成功写出来也完全归功于她。为什么这种反思很重要？因为这不仅是你的学习资料,还是我们所有人（包括我）的学习资料。我们需要身边的人分享新的想法,让我们挑战我们的工作方式,质疑我们的陈旧惯例,使我们暂停下来并反思我们的工作方式。

最后一个反思是这样的：你是如何向你的团队提供你自己的"讲真话笔记"的？你必须摆脱当前讨论的影响，观察你的团队，就像在剧院看戏一样，你坐在包厢的座位上观看这一切的发生。

暂停游戏，游戏开始

讲真话在当下最有价值，但你真的需要暂停正在进行的实际行动，这样才能有效。"暂停游戏，游戏开始"的方法是一种简单巧妙的技巧，可以让你停止做当前正在发生的事情，并以观察者的身份分享见解。当我无意中看到我3个年幼的女儿在玩一个游戏时，我首次学会了这项技巧。这个游戏涉及莱娅公主（Princess Leia）[1]、恐龙和独角兽。游戏进行到一半时，我的其中一个女儿说："等等，暂停游戏！我不想再当莱娅公主了。我想当尤达大师（Yoda）[2]，但恐龙和尤达必须对彼此友善。现在游戏开始吧！"我的女儿中只要有人不喜欢当前游戏的进展，或者游戏对她不利，或者不喜欢别人的说话内容或方式的时候，这种"暂停"就会发生。

接下来的一周，我为星巴克的一个高管团队主持了一场策略会

---

[1] 《星球大战》系列作品中的重要角色。——译者注
[2] 《星球大战》系列作品中的重要角色。——译者注

议,其间发生了一场特别激烈的争吵,陷入了令人难以置信的坏循环中,并且工作效率极低。我当场就想到,他们可能会从我的女儿们一起玩耍的方式中学到些东西!我需要让他们暂停下来,并解构正在发生的事情。但是,对正在阅读本书的你说个真话吧,让一个拥有数十亿美元的巨大影响力的团队听我的孩子玩游戏的故事,我当时真有点担心。所以我决定用我希望能起作用的话语来进行尝试。

我使用了一个关键话语来打断激烈的辩论:

"当我听大家讲的时候,我突然想到……"

解构有效沟通言辞

上文这句话起作用有3个原因:

- 通过解释我在倾听,表示我很关心。这通常会使人们在紧张的情况下感到放松。
- 通过使用"大家"的叫法,表现了包容性,而不是点名一个具体的人。
- 说出"我突然想到",可以让我预先提醒那些听众,我要做一个关键的观察,然后再报告这个观察。我们的大脑通常需要时间调整,才能从激烈地争论转到准备好反思和考虑不同的观点。

回到星巴克的高管会议室：我解释了"暂停游戏，游戏开始"的方法，以及我的女儿们是如何一起玩游戏的，然后我问了他们下一个需要思考的问题：

"谁想先来分享一下对这次谈话的看法？"

这让大家不再争论战略决策，而是转而对房间里的谈话进行评论。我们从内容对话切换到流程对话。通过询问谁想先说，我表明这不是一个是否会讨论的问题，而是一个何时会讨论的问题。谈话揭示了他们在共同努力实现的目标上的困惑、错误假设和错误信息。我们也清楚地看到，以前有些艰难的对话，其问题从未得到解决。在那次谈话中发生的转变非常显著。当时，我反思了以前所有有争议的对话，这些对话没有被正视或解构，或者在之前的会议中被搁置一旁。你可以想象得到，当我出完差回到家里，与我的女儿们分享她们的游戏是如何帮助到我的一些客户时，我们是多么喜悦。

从那以后，我已经使用了 100 多次"暂停游戏，游戏开始"的技巧。当我结束另一个高管静修会，返回家中，坐在飞机上写这些文字时，我再次用它来感谢团队所展示的积极互动，并且能够通过以下问题来验证他们的进步和成功：

"这与你通常的互动方式不同,其他人看到了吗?"

你需要经常验证自己的进步和成功,以加强积极的改变,并承认你和你的团队正在进行的改变过程。我们将在第三章中进一步探讨这个问题。

界定并分享公司真正关心之事

《你这家伙是谁?!》(Who are Ya?!)是英国足球球迷在比赛中觉得对方球队相对无足轻重时唱出的流行歌谣。虽然我希望没人在工作中曾对你唱过这首歌或说过这句话,但你知道你遇到的一些人是这样想的。这不是真正有用的话,而是吹毛求疵。

我永远不会忘记我第一次去慕尼黑宝马总部出差的经历。当时我在英国著名汽车公司路虎(欧洲)的销售和营销部门工作,帮助引导宝马收购路虎和英国微型车品牌迷你(MINI)后的文化整合工作。宝马希望做出改变,因为生产基地每天亏损300万美元。当我和路虎欧洲、中东和非洲区总裁一起到达时,我们沿着一条长长的木板走廊,走到走廊尽头的正式会议室。我们做了自我介绍并坐下来,宝马公司的一位同事看着我说:"咖啡。"我当时非常渴,所以我对这个提议很高兴,回答说:"好的,加奶不加糖，谢谢。"当时我没有注意到为什么路虎总裁会起身给大家端茶倒水。在返回的航班上，我的同事向我解释了当时发生的真实情况。"咖啡。"不是问句。这并非提议，而是对我的指示。当时有 12 个人待在那个房间里，我是唯一的女性，这是让我为房间里的其他人斟茶倒水。我现在回想起来，长吁一口气，那时的我是个天真的 24 岁的年轻人，没察觉到这个要求的无礼之处。当时我没注意到路虎总裁起身给大家端茶倒水的原因，当然，当时也没有什么讲真话的企业文化，这种观察肯定是不可能出现的。

使命、愿景和公司价值观被贴在公司的走廊、年度报告和网站的海报上。可悲的是，它们往往是空话，是空洞的、难以实现的承诺。现实是在这些会议的互动中发现的一些场景，当招聘过程中的闪亮承诺变得黯淡无光时，你就会看到你真正的老板、真正的公司和公司的现实。第十章介绍了如何完美地履新就职。

🔊 其他快速说出真相的有效沟通言辞

准备谈话

"我在此的目的是……"

"现在是分享某些想法的好时机吗，或者什么时候可以？"

"我就直言不讳了……"

"如果让我讲真话,我会简单地说……"

"我正在努力变得更直接,所以请让我说……"

"还有没有其他人认为我们这样做的顺序不对?"

"我很乐意分享我的观察,现在是个好时机吗?"

切入问题的核心

"我持相反的观点……"

"还有没有其他人认为我们这样做的顺序不对?"

"以下仅是我的经验之谈……"

"我想分享一下我注意到的一个模式……"

"这仅是我最初的印象,但我想你会想听……"

"我不知道你是否从其他人那里听说过这个……"

"什么时候是与你分享想法的最佳时机?"

"我对这个项目有顾虑,必须让你听一下……"

"我有一个与团队其他成员不同的观点……"

"在我们继续进行之前,我可以分享另一种方法吗?"

"本着讲真话的精神……"

"既然我们承诺要讲真话,我现在就来实践一下……"

"我们上次开会的时候,我很好奇你对会议的感受。"

"我很想听听你是否认为那次谈话按计划进行了……"

第一章　创建讲真话的公司氛围

"你认为团队在那次谈话中是否示范了讲真话?"

"我可以分享一下我是如何观察到它的吗?"

结束谈话

"我很感激你能倾听并考虑我的观点。"

"我知道这可能很难接受,但我想与大家分享一下。"

如果回应并不顺利

"我会给你一些时间考虑,然后再继续谈话。"

创建一个讲真话的公司不可能一蹴而就,而是需要思考、承诺、投资,还需要本章所提供的全部工具。在本书中,你将学到更多的工具,它们可以被用来有效地处理你所处职位的工作中可能会遇到的问题,从而真正释放出本书的力量。

现在我们已经揭示了如何在你所在的公司中提高讲真话的程度。在第二章中,让我们看看如何提高你团队的绩效标准,以便把希望做出的一些改变付诸行动。

第二章

完善绩效管理

▶ 坦诚管理：如何营造讲真话的工作环境

> **本章主题**
>
> ● 控制谬误
>
> ● 适合你期望的高度
>
> ● 给予反馈意见的艺术
>
> ● 跟踪绩效进度
>
> ● 倒计时到你最好的一年
>
> ● 快速达成卓越绩效的有效沟通言辞

首席执行官是领跑者，为绩效设定标准，同时他们也是裁判员，确定是否达到标准并获得分数。本章提供了话语、工具和示例，说明如何确保你推动行政问责制并完美执行，同时为那些没有达到绩效标准的人提供强有力的反馈意见。本章还探讨了当你变得可有可无时，或者当空降领导突然接手你所在的部门时，或者当高管疏远你时，会发生什么。

在你的职业生涯中，随着你在公司组织结构中的地位上升，人们对你的关注度也会越来越高。越来越多的人关注你的工作，"摄像机"不断增加，覆盖每个角度。你可能会觉得整个世界都在关注你，尤其当你是首席执行官、董事会成员或其他高管时。受关注的理由也很充分：你的表现、绩效会影响公司里的每个人。还记得上次你们有新的首席执行官就职时是什么情况吗？最初几个星期大家的反应如何？很可能是无休止的评论和观察，关于他们所做的战略部署、所聘用的团队、所做出的决定、所给予的晋升，以及他们在每次会议、新闻活动或走廊谈话中所说的确切内容。如果你想了解更多关于进入新公司或就任新职位的更深入的有效沟通言辞，请跳到第十章，但现在让我们讨论一下为什么设定正确的绩效标准是如此重要，以及该如何做。

控制谬误

不管你相信什么或者告诉自己什么，公司业绩远比你想象的更为可控。当然，你不可能预测到竞争对手犯下的错误为你开辟新的市场提供了机会，就像你无法预测到导致意外费用的立法变更一样，但你确实可以控制你对这些意外变化的反应。几乎没有一个领导者能预测到新冠肺炎疫情及其随后的经济影响，但世界各地的首席执行官和董事会控制了他们的反应方式，从而使他们的表现与众不同。你定下了基调，设定了期望，设定了企业绩效的现实。你的行为会影响他人。你期望什么，就会得到什么。

安妮塔（Anita）效应

以下是亚马逊向应聘者发出录用通知前，每个面试官都会问的问题：

"与我们目前从事这项工作的一半的人相比，这位应聘者的表现更为优秀吗？"

这是一个发人深省的问题，它鼓励大家不断提高对绩效的预期，同时也确保你不会满足于快速聘用或等待完美聘用。这是通过聘用新员工提高公司能力的绝妙方法，但你也必须确保你现有的团队能跟上步伐。

在与一位首席执行官客户讨论一位长期任职的高管的平庸表现时，我问了一个我在每次讨论绩效时都会问的问题：

"如果他们的表现和安妮塔的表现一样好，那又有什么区别呢？"

在这个案例中，安妮塔是这位首席执行官手下绩效表现最好的高管，我需要这位首席执行官想象她的管理团队中有多个安妮塔，以了解投入时间去管理不达标人员的绩效可能产生的影响。

她立刻快速在白板上画了一张图表来显示存在的问题，如果表现不佳的领导者的绩效能够与安妮塔的类似，那么这些问题就可以得到解决。人们很容易陷入困境，慢慢地降低期望值，不再指出重复的错误，并因为过去的努力没有产生结果而停止给予反馈意见。你不能这么做，而是必须有意识地反思你和你所在的公司是如何创造卓越绩效的。

适合你期望的高度

想一想曾经为你工作过的杰出人物。提醒自己，他们参与过哪些项目，支持过哪些客户，他们的团队表现如何，以及你们共事时公司的财务业绩如何。现在完成"杰出人物影响力反思表"（见表2-1）。

表2-1 杰出人物影响力反思表

人物名：_____

1	他们的绩效有什么独特之处？
2	他们对业务产生了什么影响？
3	他们如何让你的工作更有效、更轻松？
4	是什么让他们在知识、技能和行为举止方面与众不同？
5	他们的绩效是如何影响周围同事的？

当你完成"杰出人物影响力反思表"时，你会注意到，他们的成功不仅对公司业绩有影响，而且对他们身边的同事也有影响。当我在关于加速增长的会议上发言时，我最喜欢说的一句话是：

"绩效是会影响其他人的。是好还是坏，由你来决定。"

就像我建议我的客户首席执行官考虑"安妮塔效应"一样，你可以想象你团队中的每个人都表现出色。这就是你需要的动力，推动你进行必要的对话，帮助员工们改进、调整或被替换。

身为首席执行官，你可能正在反思你的哪些职能部门已经设定了恰当的绩效期望。或者，你是一名部门主管，或者负责一个职能部门，你认为该部门能带来卓越的绩效，但不太确信你的同事在做出努力。这时，"卓越绩效评估"（见图 2-1）为你提供了一个机制，评估创造卓越绩效的 7 个基本要素。

卓越绩效评估

（1）战略清晰性：我们知道我们的目标以及实现目标的速度和行动顺序。

（2）一致的目标：我们创建、监测和评估跨职能部门、跨区域和跨团队的目标。

（3）有意义的指标：我们对重要的指标有着共同的理解。

（4）明确的领导者期望：我们描述了对各级高管的具体期望。

（5）迅速的支持性行动：当期望落空时，会迅速给予具体的反馈和支持。

（6）管理不适合的员工：当一个职位不再适合某人，期望值发生变化，或者反馈意见不起作用时，我们会帮助那个人迅速而又体面地离开。

（7）慎重的奖励：我们的奖励显然与公司业绩、个人绩效以及个人行为挂钩。

1.	战略清晰性	/10
2.	一致的目标	/10
3.	有意义的指标	/10
4.	明确的领导者期望	/10
5.	迅速的支持性行动	/10
6.	管理不适合的员工	/10
7.	慎重的奖励	/10

给每一个要素打分，满分为 10 分。

图 2-1　卓越绩效评估

现在你已经了解了手下最出色的员工和卓越绩效评估的 7 个要素，你可以按照以下 4 个阶段来找到恰当的"有效沟通言辞"。

第一阶段：设定标准。

第二阶段：重新设定标准。

第三阶段：支持或改变。

第四阶段：行动。

虽然每个阶段都必不可少，但高管们所做的最大监督是从第三阶段开始的，他们认为你已经充分完成了前两个阶段。而实际上，快速回顾一下第一阶段和第二阶段，即你是如何设定目标和重新设定目标的，就可以解决问题。

第一阶段：设定标准

如果从图2-1中的"卓越绩效评估"来看，你的战略清晰性很强，这就更容易了。或者你可能会问：

"我们都知道目标以及如何实现目标吗？"

这个问题本身就常常是我与首席执行官和执行团队一起工作、探讨的核心内容。在我在超级盒子（Xbox）公司的任职期间，任天堂（Nintendo）推出了维游（Wii）游戏机（你可以用电线连接游戏机上的塑料棒，玩虚拟网球）后不久，Xbox就制定了总体战略来扩大自己的吸引力，以与任天堂的Wii游戏机和索尼的游戏驿站（PlayStation）游戏机竞争。从历史上看，Xbox促进了赛车和射击游戏的发展，但这需要确保所有人都能够理解我们的发展方向（坦率地说，当时的成功程度取决于你在哪个游戏工作室工作）。

一旦你明确了要采用的战略，就需要创建一致的目标。

"你有与公司战略相关的书面目标吗？"

这是一个很好的问题，可以用于评估你和你的团队制定的目标效果如何。你可以对自己和你管理的团队提出这个问题。如果你最近有了新的老板，或者刚刚加入新团队，或者还没有制定目标和层层递进的规定时，这一点会特别有用。因此，在这里花点时间审查每个团队成员及团队的目标是至关重要的。

第二阶段：重新设定标准

如果你的业务由于市场状况、所有权变更、更换首席执行官、产品线增加而发生了重大变化，或者由于个人或团队的绩效没有达到预期而需要进行调整，那么你可能需要进入第二阶段。

第三阶段：支持或改变

如果你已经设定并重新设定了目标，但仍然没有看到你想要的结果，那么现在是时候确定你支持、帮助团队成员的最佳方式了。

为了有效地看到此处的变化，你必须解构你看到绩效差距的原因以及造成这种差距的根本原因。使用图 2-2 "绩效差距"来确定你的团队成员在哪些方面有差距需要弥补。

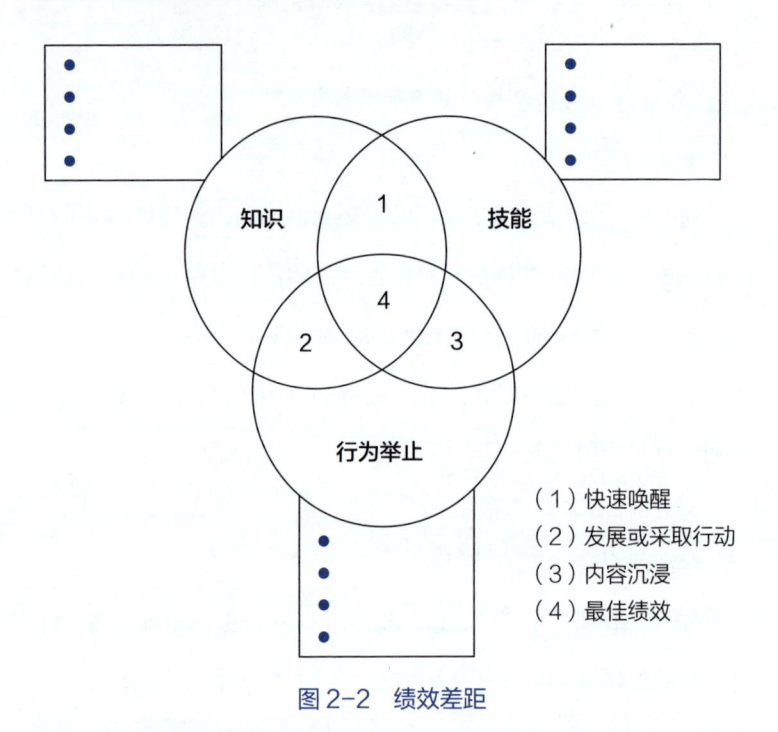

（1）快速唤醒
（2）发展或采取行动
（3）内容沉浸
（4）最佳绩效

图 2-2　绩效差距

（1）快速唤醒：团队成员有正确的知识和技能，但在所需的行为举止方面存在差距。这需要就你想要改变的细节与其进行对话。这要么会产生快速的唤醒和成功的改变，要么可能需要具体的实时指导和反馈意见。

（2）发展或采取行动：团队成员在技能方面存在差距，但展现出了应有的知识和正确的行为举止。根据所需的技能，这可以通过跟随专家学习，聘请在培养这些技能方面有经验的职场教练，或者参加培养这些技能的培训来解决问题。

（3）内容沉浸：团队成员在知识方面有差距，但展现出了应有的技能和行为举止。这可以通过参加特定主题的活动、由具有相关知识的专家进行指导或分配拓展任务来解决问题。

当你管理这种感知到的或实际的绩效差距时，重要的是要审查你的激励措施。就在我撰写这一章的时候，一位部门负责人打电话给我，请求我帮助他解决全球团队绩效不一致的问题。谈话结束时，我向他解释说，他不需要我的帮助，因为他需要的解决方案很简单：他只需要改变他全球团队的激励计划，以奖励正确的结果。他们的薪酬制度没有经过精心设计；他们只关注公司的最高业绩，而没有考虑到利润增长或区域性的成功与失败。

如果像在面包上均匀涂抹花生酱一样，把奖励平均分配给每个人，而没有根据努力和影响进行区分，那么没人会想表现得比别人更出色。我刚被调到美国的微软公司工作时，就学会了"涂花生酱"这个短语——它实际上是在商务会议上使用的！作为一个刚被调到微软公司西雅图总部的英国人，我想知道这个短语到底是什么意思。我很快就了解到，这是一种简略的表达方式，用来描述将一件珍贵的商品传播给很多人，以至于它失去了影响力，就像如果你把太少的花生酱涂在太多的面包上，吃起来就没滋没味了。并不是说我喜欢花生酱，但这个比喻让我记忆犹新，而且这也是一个快速测试你应该如何根据团队成员不同的表现来区分奖励的方法。

第四阶段：行动

如果绩效最优者没有得到表彰，或者绩效最差者未被上级处置，领导者们就很难管理他们团队的绩效。这就是迅速行动至关重要的原因。当前3个阶段进展顺利时，第四阶段往往会被遗忘，这是不应该的，因为它可能是一种强大的学习体验。当你之前为解决绩效差距所做的工作让问题迎刃而解时，花点时间暂停一下，确认一下这个时刻。注意哪些方面发生了变化，你是如何识别和解决这些问题的以及你看到的结果。这是一个优秀的话题，可以纳入你的高管领导力演讲中。这是向其他领导者学习的最好方式之一——因为他们在领导团队时遇到了挑战，但他们解决了问题。很多时候，这些情况被遗忘，没有被提及，或是人们对此保持沉默，而事实上，它们应该被当作值得学习的情况，供大家思考。

如果前3个阶段进展得不顺利，那么身为高管，你必须进行、非常困难的一类对话就是让某人知道，他将不能再继续担任其职务。应对这类对话的语言，就是你将在这里学习的语言，这也是对全世界高管都适用的语言。

🔊 给予反馈意见的艺术

给予反馈意见的第一条建议其实并不在于你所使用的语言，而是在于关注你给予反馈意见之前所发生的事情。

威尔健（Welltory）是众多健身应用程序中的一款。它可以监测你的生命体征，分析你的精神压力水平和整体健康状况。用手机上的摄像头和闪光灯扫描你的手指，然后它会给你一个精神压力评分、一个健身效率评分和一个能量水平评分。虽然在进行艰难的谈话之前，你不一定需要用花哨的手表或应用程序来检查你的心率，但它确实有助于从心理上审视你的身体和情绪状态。如果你能在说话前检视你的情绪，你就能保证你想传递的信息不会因为你的传递方式而丢失。

在第七章中，我们将深入讨论最困难的情绪之一——愤怒。你将学会如何理解你的愤怒，甚至学会爱它，实际上，这种锻炼涵盖了你所有的情绪。无论你是感到沮丧、失望、悲伤、害怕、紧张还是愤怒，你都必须摆脱这些情绪的干扰，以免给出不友好的反馈意见。否则，你的情绪会分散你的注意力，如果你无法保持冷静，你传达的信息就不会那么清晰。对于那些未能实现绩效目标的人来说，这里有一个关键问题：

"你认为是什么阻碍了你发挥出能实现目标的能力？"

五大阻碍

当高管表现不佳时，你必须停下来询问原因。首先要求他进行自我反省。之后，你可能需要进一步挖掘，以真正发现发生了什么。在与世界各地的领导者合作了30年之后，我发现通常有五大因素阻碍个人发挥出能实现目标的能力：

（1）超负荷。此人未能有效地完成委派的工作，或者缺乏足够多的合适人才来接受被委派的工作。

（2）不合适。此人缺乏技能或经验，不知道该做什么，也不知道怎么做。

（3）缺乏组织能力。此人无法有效管理他自己或团队的时间。

（4）无心工作。此人已经失去了激励自己和团队的激情。

（5）心烦意乱。生活中的其他事情分散了此人的注意力，使他无法达成最佳绩效。

即使是最成功的高管也可能会超负荷工作，或者他的团队成员中有人存在能力问题。你的工作就是发现问题，直面管理人员，并为能解决问题的方式提供支持。

🔊 跟踪绩效进度

到目前为止，你已经对你的团队进行了评估，并记下了你可以使用的言辞，但这时，你会感到不知所措和沮丧。我经常会听到有高管说：

"要怎样才能让我的团队积极主动地跟进并实现目标？"

而这正是我告诉他们需要向他们的团队提出的问题！有时你会觉得自己像在重复在机场听到的那些烦人的广播一样，有时你会觉得你的团队成员在忽略你的要求——就像你对那些"不要让你的行李无人看管"这种熟悉的要求置之不理一样。在你教你的团队养成新的习惯时，可以使用2个简单但强大的工具。我经常与我的客户分享这些工具："每周进度报告"和"管理领导团队总结"。

第一种工具格式简单，可以每个星期在指定时间接收团队成员的每周更新。以下是它所包含的内容：

每周进度报告

已完成

- 交付的项目和计划。

> 正在进行中
>
> - 项目/计划/正在进行的工作，你可以突出显示现在的状态和预期完成时间内发生的所有变化。
>
> 计划中
>
> - 尚未开始但你正在计划的项目/计划/工作事项，或者你听到的一些可能需要你或你的团队参与的工作事项。
>
> 需要我（领导者）参与的问题
>
> - 在此，员工可以添加需要领导者提供的高层次内容、需要领导者帮助解决的障碍等（例如，你能在 Y 日期之前决定 X 吗？）。
> - 你能就我参加管理层会议一事给我一些反馈意见吗？
> - 我需要在星期三之前和你谈 30 分钟，以回顾董事会的报告。

这能够助你以简洁的格式定期获得可预测的最新消息，可以让你迅速得知你的团队在哪些方面达到了你的预期，在哪些方面没有达到预期，在哪些方面超出了预期。

首席执行官喜欢使用的第二个工具是"管理领导团队总结"（表 2-2），这是对你的管理团队的概述，跟踪当前的可交付成果、差距、你的行动和后续步骤。我与共事的许多高管都一起使用过这个工具，因为这样他们就可以快速地向我概述他们的管理团队，以便我可以轻松地提供见解和建议。

第二章 完善绩效管理

表 2-2 管理领导团队总结

领导者	目标是否达成一致	目前的状态	目前的要求	差距	你的行动和时机	评论/问题
姓名	是/否	目前职位和功能的状态	目前的具体目标、任务、项目是什么	你在策略、功能或能力方面看到了哪些差距	正在进行中或者你需要开始做的事项	观察结果,要问的问题,需要考虑的领域,总体的思考

045

你是否曾经参加过重要的谈话，并让你的想法占据主导地位。你或许想知道你的老板在他的笔记本上写了什么；想知道你是把这种表达方式理解为支持还是困惑；或者你是否反思过一次谈话，希望自己能停下来，以确保你的观点被充分理解？

当给予反馈意见以提高绩效时，清晰的沟通是最好的解决方法。能够将我们所说的内容、我们的意思、我们所听到的内容以及别人的记忆，与我们的真实意图清楚地联系起来，这一点至关重要。如图 2-3 所示，你所说的并不总是你所想的，如果你忘了说明你的真实意图，就很容易产生误解。第四章将深入探讨如何创建内部沟通机制，让你的信息得以顺畅传递。

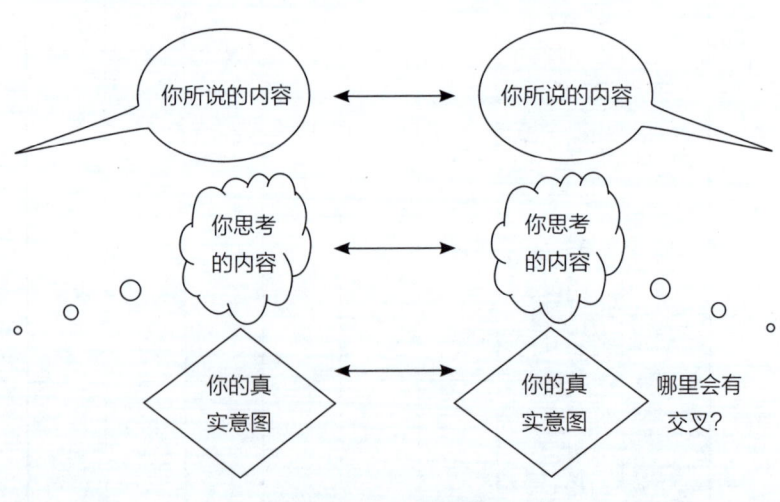

图 2-3　所说与所想

🔊 倒计时到你最好的一年

我在此为你准备了一个简单的快速实施工具。回答这个关键问题：

"怎样才能使接下来的 12 个月成为你最好的一年？"

想象一下，你可以穿越时空，提前 365 天看到自己已经身处彼处了。现在写下"5、4、3、2、1"的倒计时，然后回答以下问题：

- **你将会实现的 5 个目标是什么？**

（这些目标可以存在于你的整个人生中，而不仅仅是存在于你的工作中，而且它们不一定都与收入、财务指标和市场份额有关。）

- **让你知道自己已经成功了的 4 个指标是什么？**

（什么指标会说明你已经实现了目标？）

- **这些目标对你很重要的 3 个原因是什么？**

（你为什么关心你是否实现了这个目标？）

- **实现这些目标所需的心态转变（每个目标 2 种）是什么？**

（你需要如何摆脱自己的旧方式，或者你需要坚持哪些新的信念？）

- **你现在需要的 1 条建议是什么？**

（你需要什么建议，以便你能快乐地实现目标？我特意说明是快乐的，因为许多人取得了令人难以置信的成就，但大多数人做事的方式并不快乐。他们工作得很辛苦，而且似乎太辛苦了。）

当我在主题演讲、研讨会或一对一谈话的情况下，与领导者一起完成这个练习时，我手中有一个 2 分钟的计时沙漏，我把它翻转过来，以快速完成第一遍练习。

在我主持的一个高管领导力论坛上，欧洲资源客咨询有限公司（ResourceiT）的创始人兼首席执行官朱莉·辛普森（Julie Simpson）完成了这项练习。

"我意识到我需要更多地关注自己的成功是什么样子。身为高管，我们几乎都很擅长为别人做这件事，但不一定会花时间为自己做这件事。我认为我们应该更多地关照自身。我们之所以能够取得今天的成就，是因为我们是卓越、勤奋、聪明、有影响力的高管，而且我们是伟大的领导者。我们非常擅长我们所做的事情，正因为如此，我们才能拥有今天这样的地位，而且我们不一定非得死命压榨员工。"

一个星期之后,辛普森打电话给我,告诉我她已经朝着自己制定的目标迈出了步伐,并且已经感觉到了自己更加自由、更有控制力。

"继上周我们关于关照自身的谈话之后,我发现我最大的缺点就是我一直在收拾残局,这阻碍了我前进的脚步。我有个建议就是每个人都接受应得的惩罚,不要觉得自己就是企业中所有问题或缺陷的答案。我已经意识到我需要回到授权和优先排序的问题上来。"

另一位完成倒计时练习的领导者,是皮埃那(HPE NA)商业部门销售总监雷尼·V.皮萨罗(Renee V. Pizarro)博士,他看待成功的视角更为广泛,不只局限于业务指标和影响。

"对我而言,我的职业生涯中有个决定性的时刻,那时,我退一步海阔天空,重新定义了成功。我重新定义的成功与核对清单无关,与这一精彩的展示无关,也与我赢得新客户无关。与之相关的是我如何为公司创造了指数级的成功。作为一名从事技术领域工作的西班牙裔女性,我参与了很多的论坛。我的目标是在技术方面为其他西班牙裔女性打开大门并提供先进的技术。我如何利用自己的影响力来影响他人,才能定义超越自身成功的影响力？我永久的贡献将是我可以帮助多少人促进他们自身的成功。这一转变的驱动力是我的母亲被诊断出胰腺癌这件事，身为她的主要看护者，无论何时何地，我都得照顾她，别无选择。我不得不同意请一个人每天来我家打扫和做饭，因为我已经没有时间做这些事情了。我需要花时间照顾我的母亲。"

在本章中，你要考虑的最后一项活动是重新设定你花费时间和精力的地方。你可以使用新的表达方式来设定和维持你的高绩效标准，并且你可以使用新的方法来评估你的领导团队并管理团队的个人和集体绩效。在这一点上，大多数成功的高管在提高效率方面都取得了巨大的进步，因为他们清楚地知道如何安排做事的优先次序。当你经历各种晋升时，你必须摆脱做具体工作和承担更多活动的习惯。你需要用新习惯来取代旧习惯，并不断按下"复位键"以进行心理转变，并校准你实际花费的时间。

这就是我所说的在不同的时间范围内专注于正确的地点和时间：0到30天、3到6个月、1年。你把时间都花在哪里了？其中有多少花在了提升执行力、计划力和创造力上面？如果你在一条轴线上画个圈，把你想要达到的目标和你现在的完成程度进行比较，你就可以看到你必须努力缩小的差距。我们将在第十一章中进一步探讨这个问题。

这是你对本章的最后反思。拿出一叠纸，在上面画出3栏。

在第一栏中，列出你今天想要继续做的事情。接着，跳到最边上的第三栏，列出你今天做的，但其实不该你做，需要其他人来做的事情。把不确定的项目放在中间一栏里，例如你不知道你是否应该做这件事，或者你应该把它交给谁做。从如何实现倒计时练习的视角出发，考虑你现在应该把时间和精力花在哪里，以及你需要把什么事托付给别人。

这可能会让你认清现实，看看手头哪些事可以放下，以及如何才能腾出更多的时间。在下一章中，我们将探讨那些能让别人与你合作的有效沟通的正确话语。

快速达成卓越绩效的有效沟通言辞

准备反馈

"我很想了解……"

"你能从不同的角度来看待这个问题吗？"

"对我来说，重要的是我要听到你坦诚的反应……"

"告诉我你对……的看法，好吗？"

自我评价的力量

"分享一下你将如何评估你在这个项目中的成功……"

"哪些职能部门会将其评价为成功或有改进的余地?"

打探他人的反应

"我很想听听你的回应……"

"告诉我你对……的看法好吗?"

"如果你真的很坦诚,你会怎么说?"

"告诉我一些你认为我不知道的事情……"

"你还能告诉我什么……"

"我希望有更多的例子……"

若是期望落空

"我担心你没有履行承诺……"

"你能做到这一点至关重要,而我并不是一直都能看到这一点。"

"还有什么是我应该知道的导致这种情况发生的原因吗?"

"你认为,回到正轨的现实计划是什么?"

"你需要我提供什么支持,才能在季度末前赶上进度?"

第三章

促进真诚合作

坦诚管理：如何营造讲真话的工作环境

> **本章主题**
>
> - 为什么会提前担忧言辞
> - 了解人们的出发点是什么
> - 给予和接受支持
> - 五大合作基础
> - 高管能量圈
> - 完美的一对一谈话
> - 无效沟通的言辞

首席执行官们不能只是像坐在山洞里说话一样，只侧耳倾听自己的回声。他们需要说出自己的想法，需要影响他人、推动合作，并大规模实现变革。本章探讨了如何理解首席执行官或其他高管能够实现多大程度的合作。一旦你了解了你的高管能量圈，你就可以遵循本章列出的步骤来增加你的影响力。你还将学会测试和建立与他人合作的简单方法，以及使用工具引导大规模变革的秘诀。这些工具可以帮助你沟通、评估和实施会影响你利润、收入和市场份额的变革。

为什么会提前担忧言辞

在我们深入探讨如何让他人合作之前,我将陈述一个非常重要却经常被人忽视的观点:

"只有被大声说出来的时候,话语才会起作用。"

在我与领导者成千上万次的互动中,我听到更多的是对没说出口的话的遗憾,而不是对说出的话的遗憾。这种过度的自我估量会导致你在该说话的时候反而说不出口。

造成这种提前担忧的首要原因是自我怀疑。虽然冒充者综合征[①]已有充分的文献证明,但人们很少认为这些质疑的声音会成为阻碍我们前进能力的原因。在我与世界各地领导者的交谈中,我发现了导致这种自我怀疑的3个关键原因:

(1)过去发生的事情影响了你的默认反应。
(2)来自过去的声音,在你的脑海中的音量过大。
(3)对成功或失败毫无根据的恐惧。

---

① 怀疑本身能力,认为自己的成功均来自外界因素。——编者注

在与高管的谈话中，我总是告诫自己，我并非训练有素的治疗师，但我确实知道自己工作的界限，以及在哪些方面与训练有素的专家交谈可能会有帮助。我们无须成为治疗师，也能知晓过去的经历塑造了我们现在的心态。有时你需要来自不同渠道的建议，以重置你当前的思维模式。在我写这本书的时候，就亲身经历过这种情况。在我坐下来写本章之前，我正在家里骑珀洛东（Peloton）动感单车，教练亚历克斯·图森特（Alex Toussaint）在视频屏幕另一边发出了尖叫，让人心烦意乱：

"你今天醒来了，你可真幸运啊！"

在那天，图森特的话对我真的挺管用，他的话让我想到之前我收到一条短信，被告知在我女儿上学的学校，有位3个孩子的母亲进了重症监护室，情况危急。这让我对图森特的话感触更深。当时我正在进行晨练，为写本书和为一家科技公司举办下一个虚拟研讨会做准备，那家公司的销售额正在迅速增长。研讨会包括帮助销售团队在适当的时候跳出自己的思维，展示如何利用他人的帮助解构你头脑中思维的价值。我从图森特的社交媒体上看到，当天晚些时候他出现在了美国脱口秀节目《今天》（Today）中。在该节目中，主持人卡森·达利（Carson Daly）分享了自己克服心理障碍的经验，还讨论了图森特及其自行车骑行的价值是如何超越以鼓励人们努力锻炼和排行榜地位而闻名的珀洛东动感单车的价值的。你身边也有"图森特",这个人也许是你的心理治疗师,或者是你的冥想或瑜伽课导师,但找到方法与你身边的人更多地谈论你脑子里的想法,将改善你的精神和体力状况。

我了解到,许多领导者都认为图森特和其他珀洛东动感单车教练很有价值。他们分享的信息能够触动你的内心,说的真心话能振奋人心,他们还在你需要的时候播放美妙的音乐。当你准备与别人以新的方式合作时,可以引用图森特在一次骑行珀洛东动感单车时的名言。当你寻求与他人的合作时,你可能想问问他们:

"你的身体可能没什么问题,但内心真的毫无波澜吗?"

了解人们的出发点是什么

你是否曾经因为有人不愿意合作而感到沮丧?或者觉得你认为非常简单或合理的要求,对其他人而言似乎不那么合理或明确?

在试图让人们合作的过程中,你可能会犯的最大的错误之一就是缺乏同理心。你无法简单假设他们和你处于同一个空间。我们很容易跳过这一步,直接跳到战术和工具,好让别人与你合作,而事实上,你需要暂停下来,并关注你想影响的人目前在哪里。这可能是对某人上次参加的令人沮丧的会议的感同身受，或者是对某人工作或生活中遇到的重要的挑战的共鸣。

在全球新冠肺炎疫情中，这一点尤为明显。企业、家庭和个人均以不同的方式对疫情做出了反应。这次危机造成的影响需要更高层次的关注和重视。新冠肺炎疫情暴发前的一个早晨，在赖特（Wright）的家里，我们开始了对疫情的准备工作。我小心翼翼地走下咯吱作响的地下室台阶，准备去处理我们总也洗不完的大堆衣服。突然，我发现浑浊的水淹没了底部的几级台阶。我的3个女儿事后喜欢提醒我，当我发现这场灾难时，我说了些什么。我当时说的当然属于无效的话语！这场引发咒骂的洪水导致我们迅速地搬了家。在新冠肺炎疫情暴发之前，我们找到新房子、搬走并安置好了行李。我们适应了5个人住一间房子的生活——其中还有2个人在工作——同时努力做3个女儿最好的代课老师，当时她们1个12岁，2个10岁。

像其他许多不是一线员工的人一样，我匆匆将阁楼储藏室改造成我的临时办公室，然后迅速将工作模式转变为虚拟办公。我预测将有许多关于新冠肺炎疫情影响的深入研究，这不仅体现在快速的技术实施、转向网上购物和加快远程工作等显而易见的方面，更重要的是它会对社会动态产生影响——对我们互动、沟通、影响和说服他人及共事方式的深层影响。

当发生重大变化或意外情况时，可以问问别人：

"这对你有什么影响,我能提供什么帮助?"

这将帮助你了解人们的处境,并对他们的处境感同身受。它会让你反思并扪心自问,不同的人现在是如何经历这种情况的?并非所有人都能对你的经历感同身受,但我们经常会做出这样的假设。最重要的一步是询问和倾听。在意想不到的时候问客户这个问题的人会取得更大的成功。在第五章中,我们将探讨一些这方面的例子。

给予和接受支持

"我的手在你的背上。"

这一定是我在新冠肺炎疫情期间读到的最有力的一句话。这句话我不是在有关领导力的书中读到的,也不是从哈佛大学的管理大师那里听到的,而是在一个与珀洛东动感单车教练科迪·里斯比(Cody Rigsby)相关的社交媒体小组里听到的,他的粉丝被称为"单车小队"(#boocrew),他们有一种独特的氛围,即同情、支持、积极和不儿戏。

每次读到这句话,我都会热泪盈眶。最初是有人在分享了正在经历的困难、一些创伤或意外的不幸之后说了这句话。一想到有人把手放在你的背上,我就想起了我教 3 个女儿学骑自行车的经历。当她们在公园的小路上摇摇晃晃骑车的时候,我就在她们身边跑,我会时不时地把手放在她们的背上,让她们稳定下来,安抚她们,并建立她们的信心。

接下来的一周,我主持了一个高管小组论坛,有 12 位来自科技公司的高管参加。在电话会议中,有位高管分享了一件具有挑战性的事务,他在处理一些棘手的个人健康消息时,处理了一次意外的公司兼并。随后,另外 3 位高管讲述了不同但相似的工作和个人人生中比较意外的故事,有些是积极的,有些是困难的。在我们的电话会议结束时,我分享了我发现的这个新短语,然后我依次向他们每个人说了这句话,让他们知道:

"特雷弗,我的手在你的背上。"

"艾利森,我的手在你的背上。"

"德里克,我的手在你的背上。"

这是结束小组对话的一种非常有效的方式,而这一切都得益于一个支持动感单车教练的社交媒体小组的灵感!

在工作中,你得到这种程度的支持的频率如何?你能想象存在一个这样的环境吗?反思我在这个社交媒体小组上读到的内容，以及所有领导者如何将其转化为他们的工作方法，让我想起了社区的力量以及人们对共同价值观的需求。这就是你影响他人的方式，为他人创造一个安全的空间，让他们变得坦诚，愿意讲真话，并相互支持。要做到这一点，你必须首先了解有哪些要素可以为合作奠定坚实的基础。

五大合作基础

我们很容易注意到合作的失败，但你能准确地描述出创建合作自然产生的环境需要什么吗？为了增加跨团队成果的团队和公司，我开发出了"五大合作基础"（图 3-1），作为对话的开端话题。一家科技公司的董事会主席问我是否可以跟一个首席执行官和他的执行团队会面，因为他们没有如期交付季度业绩数据。他向我倾诉了他的担忧，即管理团队的每个成员似乎都在独立工作，而且他们的战略和执行缺乏凝聚力。当我与他们每个人会面时，我要求他们使用以下评分系统对五大合作基础进行评分：绿色——是一贯的优势；黄色——有改进的余地（或可以有更好的一致性）；红色——这是一个需要特别关注的问题。

☐ 我觉得所有人都支持我。

☐ 我观察到，在不同的团队、职能部门和地点，我们都在朝着共同的目标努力。

☐ 我体验到，寻求帮助是可接受并受到鼓励的。

☐ 我曾为共同庆祝的成功出过力。

☐ 我看到错误得到客观分析，以吸取教训，而不是被推卸给他人。

评分

绿色：是一贯的优势
黄色：有改进的余地（或可以有更好的一致性）
红色：这是一个需要特别关注的问题

图 3-1　五大合作基础

当这 8 名高管单独分享他们的颜色编码并回答如何使每个基础成为优势时，他们所有的反应都高度一致：他们意识到他们从来没有谈论过他们是如何共事的，也没有谈论过他们希望在公司中如何开展合作。不用我讲在第一章中讲过的"暂停游戏，游戏开始"的故事，他们就自己发现了，并抽出时间有意地宣布这对他们如何沟通和合作的期望能带来什么力量。在我们计划于下周举行的策略务虚会上，我们专门抽出时间继续进行集体讨论。图 3-2 分享了某位领导者在这五大合作基础方面的得分情况。

绿色	我觉得所有人都支持我。
黄色	我观察到，在不同的团队、职能部门和地点，我们都在朝着共同的目标努力。
红色	我体验到，寻求帮助是可接受并受到鼓励的。
黄色	我曾为共同庆祝的成功出过力。
红色	我看到错误得到客观分析，以吸取教训，而不是被推卸给他人。

评分

绿色：是一贯的优势

黄色：有改进的余地（或可以有更好的一致性）

红色：这是一个需要特别关注的问题

图 3-2　五大合作基础（评分）

当你查看图 3-2 中的分数时，请反思一下：

- 你有什么看法？
- 你认为局外人对这个团队的体验如何？

如果你是这个团队的首席执行官，你会设定什么样的新期望？

让你的支持者经受考验

马娅·杜克斯（Maya Dukes）担任创意总监这一新职务还不到 4 周。这是她第一次发表重要演讲，她为此认真做了准备。在走进会议室 10 分钟前,总裁对她即将演讲的内容做出的回应令她心烦意乱:"我根本不是这么看的。你还没有完全理解这一点,我不同意你的看法。"你曾有过类似的焦急时刻吗?幸运的是,当杜克斯走过走廊时,她遇到了她的经理,并对她说了一句十分有力的话:

"我支持你。"

那几个有力的、予人支持的词,就是杜克斯需要听到的。事实上,她的经理确实支持她。在会议开始时,杜克斯的经理开口说:

"我认为我们的目标有些混乱……"

这样一来,她立即缓和了局势,并让每个人都对他们希望实现的目标达成了共识。与总裁的第一次会面本来可能是很糟糕的,但后来却变成了一次完美的会面,这一切都是因为只认识了杜克斯 4 周的经理清楚地表明,在杜克斯第一次参加重要会议时,她支持杜克斯。

杜克斯成功的另一个关键因素是她有意识地为当月早些时候的高管发布会做过准备,这将在第十章中做进一步探讨。你必须考虑谁在支持你,你需要影响谁以及你的能量圈有多大。

高管能量圈

去年，我一直在研究《华尔街日报》的周末特辑"我的董事会"(My Board)，我的理论似乎是正确的，首席执行官身边的人通常都与他们相似。"我的董事会"着重介绍了一些杰出的首席执行官，并分享了他们在个人顾问委员会中排名前五的顾问信息。从去年的专栏文章中，我观察到，男士俱乐部之所以成为一个常用词是有原因的，因为当你谈论首席执行官之间的影响时，他们确实以男性为主。我观察到，高管的职位越高，就越想聘用与他共过事的人或者他的个人人际关系网推荐的人。那么，我们究竟如何才能打破这种循环呢？你需要打破自己的圈子，想办法进入新的圈子，提升与你交往的人的地位。最重要的是，使用恰当的言语来影响他人。

在你的个人顾问委员会或者（我喜欢称之为）高管能量圈（见图 3-3）中工作，最常见的一块绊脚石是你将处于以下两种境况之间：非常专注于你正试图启动的项目的当下；或者过度考虑你的未来，并希望建立你的人际关系网，以为即将发生的变化做准备。这就是为什么我要展示高管能量圈的两个部分——一个关注现在，另一个关注未来。

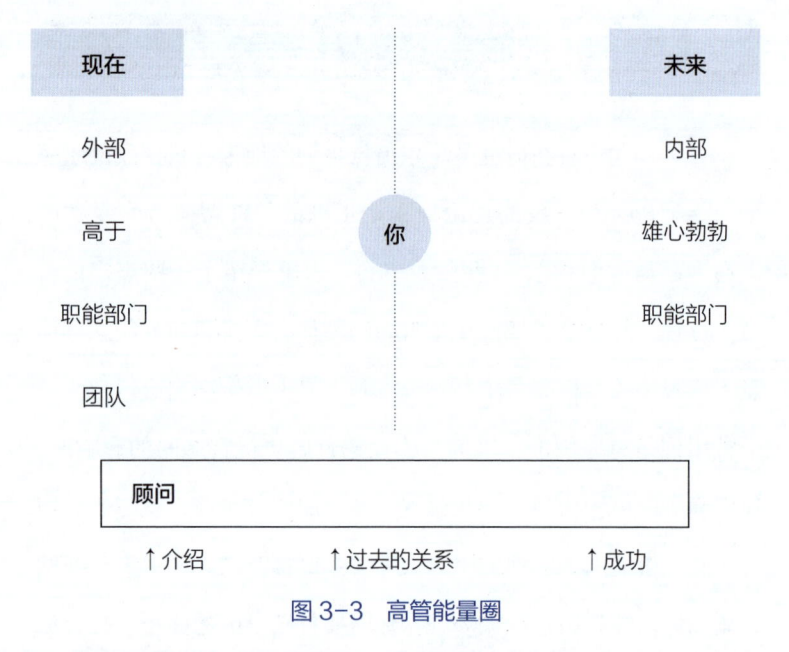

现在		未来
外部		内部
高于	你	雄心勃勃
职能部门		职能部门
团队		

顾问

↑介绍　　　↑过去的关系　　　↑成功

图 3-3　高管能量圈

如果没有合适的高管支持、跨职能部门合作或首席财务官支持，你可能会失败得一塌糊涂，无法让其他人与你合作。由于缺乏高管的支持，许多绝妙的想法可能会被埋没在公司里。最优秀的公司都在利用他们的创新沙盘想法，并通过公司迅速加快创新沙盘的发展。但这只有在得到高管支持的情况下才有效。当我与负责创新实验室的首席创新官或其他高管合作时，我会用 5 个简单的步骤来解释这种映射的重要性：

（1）考虑你当前的目标和优先事项，确定你今天需要与谁合作才能取得成功，无论他们是团队成员、职能部门领导、高层领导还是组织外部人员。包括所有你需要的人。

（2）鉴于你未来的抱负，现在考虑谁应该在这个圈子的右手边[1]。

（3）现在，使用"竖起大拇指、大拇指朝下和问号"这套编码，评估你的高管能量圈中的每一个人今天与你合作的程度。

（4）算上培训、辅导或指导你的顾问。

（5）注意给你的高管能量圈提供动力，并考虑你可以首先关注什么来优化你的圈子。

你的高管能量圈会加速或减缓你取得成功的进度，这取决于你对它的关注程度。让其他人合作，牵涉到你拥有一个人脉很广的高管能量圈，我将其描述为一组光滑的连接。

完美的一对一谈话

我在接受雷切尔·帕斯卡（Rachel Pasqua）的播客采访时，想起她听过我的一次主题演讲，她曾是女性高管网络姆博尔登（mBolden）[2]的首席营销官。在那次演讲中，我分享了一个看似简

---

[1] 商务活动中以右为尊。此处意指"需要重视这个圈子里的哪些人"。——译者注

[2] 该组织致力于提高女性在数字营销等行业的地位以及外界对这些女性的关注度。这个组织在全球设有分支机构，每个分支机构都有自己专属的培训项目和特色主题讲座等。——译者注

单,但实际上很难确定优先次序的任务。我问观众:"停下来想想:你的人际关系网络失去人脉了吗?"帕斯卡看到房间里几乎所有人脸上都流露出极度恐惧的表情,她分享了她对这一幕的感受。从理论上讲,这应该是非常简单的一个活动——培养能够支持你、提升你并帮助你更上一层楼的人际关系。然而,通常情况下,日常的优先事项占据了上风。如果你希望现在就优先考虑这个问题,那么你要明白,你对你人际关系网的关注有6个月的提前和滞后时间。如果你忽视你人际网络中的人,那6个月后才会影响到你。同样,如果你想开始重新联系,预计你的人际关系、响应能力和支持要到6个月后才能恢复到最高水平。考虑到这一点,你今天会给谁打电话,开始重新联系?一旦他们回应,就安排时间交谈。这是创造有意义的互动的下一个机会,可以鼓励你与他人合作。但要做到这一点,你需要知道如何进行完美的一对一对话。

有个问题为所有的一对一对话提供了强有力的开场白。它可以让你快速阐明你想要实现的目标,并给对方一个重新确定优先顺序的机会:

"我有3个主题:a、b和c。你还有什么其他想聊的吗?"

对某些人来说,这似乎有点儿直接,但我向你保证,你遇到的人会感激你，因为他能在你们一起共事的时间里有意识地集中注意力。

我在微软工作期间，从未见过在办公软件套装软件组件百欢（Outlook）中设计反复出现的会议功能的团队，但这一看似无害的功能却是全世界公司中最大的"时间窃贼"之一。为了避免在接下来的每一次一对一会议中反复出现考虑不周的情况，请提出以下这个重要问题：

"我们现在开会的合适频率应该是怎样的？"

这个简单的问题会让你们停下来，并有意识地安排你们共事的时间。每个季度的节奏都不一定相同。根据业务的波动，你们的会议频率也应该相应改变。你现在能给自己多少时间，为你的团队腾出多少时间？

"播种、浇水、走开、返回、收获。"

这是我听到过的关于如何影响他人的最简洁、最令人难忘的描述之一。这句话出自柯特·克罗尔（Curt Kroll）之口，他是塞拉星座合伙人公司（Sierra Constellation Partners）的高级总监。当我们在一家私募股权公司共同制定五年战略时，我目睹了这一点。许多高管忽略的重要的一点是,要知道什么时候走开,什么时候回来。只要你不使用下面的言辞,这种有意识的坚持就会强化你的影响力策略。

🔊 无效沟通的言辞

在我们结束本章之前,我想暂停一下并分享一些相反的建议,即不要做什么,或在鼓励别人与你合作时无效沟通的言辞:

不要这样说	要这样说

"你就是不明白。"
（与其把焦点放在他们缺乏理解上,不如考虑你可能解释得不够好。）
　　　　　　　　　　　　"也许我解释得不够好……"

"我已经得到了首席执行官的批准。"
（努力获得支持和合作,因为这对企业来说是正确的事情,而不是因为首席执行官这么说。）
　　　　　　　　　　　　"让我来解释一下这个想法的价值和影响……"

"你是唯一不赞同我的人。"
（与其挑出有不同意见的人,不如好奇为什么他们有不同意见。）
　　　　　　　　　　　　"这个视角很独特,请再多做些解释……"

不要这样说	要这样说
"我需要你去……" （在你向别人提出要求之前，先问问自己能为他们做些什么。） 　　　　　　　　　　　　　　　　　　　　"你需要我做些什么？"	
"我没什么问题，你呢？" （展现真实，并分享你的需求并解释原因。） 　　　　　　　　　　　　　　　　　"我还没想明白该怎么做……"	
"能帮我个忙吗……" （向别人寻求建议会增加别人回应并同意的可能性。） 　　　　　　　　　　　　　　　　　　"我想征求你对……的建议。"	
"这出问题了，我需要你的团队帮忙解决问题……" （当你在失败后需要寻求合作时，承认失败并承担责任。） 　　　　　　　　　　　　　"我犯了一个错误，如果你能帮我解决这个问题，我将不胜感激……"	
"你的团队需要支持这次新产品发布……" （对项目的利与弊要坦诚不隐瞒。） 　　　　　　　　　　　"这个项目并非没有风险，我想听听你就……提出降低风险的建议。"	

● ○ ● 第四章

引发改变的内部沟通

坦诚管理：如何营造讲真话的工作环境

> **本章主题**
> - 目标金字塔
> - 音乐的力量
> - 改变龙卷风
> - 办公室主任的作用

　　了解你是谁，并让别人看到你完整的、多面的形象，对有关你的目标、利润和绩效的有效沟通至关重要。新冠肺炎疫情让工商界发生了巨大的变化，公司被迫让他们的员工在家工作，并根据在线办公学习新的沟通和领导方法。许多人被迫将他们的沟通方式从在线下会议室开会切换到用云视频会议软件开会，但没有做到更好地在如何激励和告知员工方面发挥创意。

　　矛盾情绪是生产力的最大窃贼之一。有创意的沟通方法可以减轻矛盾情绪，提高绩效。本章为读者提供了一份评估，以测试他们目前创意沟通的能力水平，同时还为改善公司沟通机制和提高个人技能提供了实用指南。

　　所有强有力的沟通核心是精彩的故事及其张弛得当的节奏。如果你想分享你的故事，通常你必须先向别人询问他们的故事。这让我想到了最有力的一个问题，当你想更好地了解某人时，你

第四章 引发改变的内部沟通

可以问他：

"可以告诉我你的故事吗？"

这不仅是招聘时一个强有力的面试问题，也是了解你周围人的重要沟通工具。要想成功进行内部沟通，你必须与你周围的人建立联系。我永远不会忘记我在一个欧洲团队担任新职务后听到的反馈。在那个团队里我要完成一个为期30天的倾听之旅。我走访了那个团队位于6个不同欧洲国家的所有子公司，以了解在一系列收购之后，该公司的业绩如何。当我们讨论产品计划、销售绩效和利润预测时，我听到的最常见的评论是，没人真正了解他们的新总裁是什么样的人，尽管自前一年加入公司以来，他曾来过公司并通过电子邮件定期发送公司最新情况。不仅是这位总裁没有更深入地介绍过自己，我们很多人都很容易沉迷于财务、指标、董事会准备和投资者简报之中，而忽略了对自己的深入介绍。还有一种方案要求你更加真诚、透明，以便更深入地进行交谈。我将提供一些工具，这些工具已经成功地帮助领导者达到了与员工、客户和利益相关者沟通和联系的新高度。

接下来的一个月，我和这个团队的欧洲总裁一起旅行，为了不泄露他的身份，我们就叫他德里克（Derek，化名）吧。我抓紧时间问了他一些问题。在机场等待登机时，我们进行了许多精彩的对话。在听了德里克的背景之后，我确信他的团队成员如果有机会听到他的故事，他们会非常渴望继续听下去。

🔊 目标金字塔

经过几十年的磨炼，我与世界各地不同行业的数百位领导者共同探讨了这些问题，我设计出了"目标金字塔"（见图4-1），好让所有人都能反思自己的背景和经历。目标金字塔的7层能让你提炼和构建你的个人经历，这将成为本章所探讨的企业内部沟通的基础，并将纳入你与美国华尔街或伦敦金融城和媒体的外部沟通策略，我们将在第九章中展开讨论。

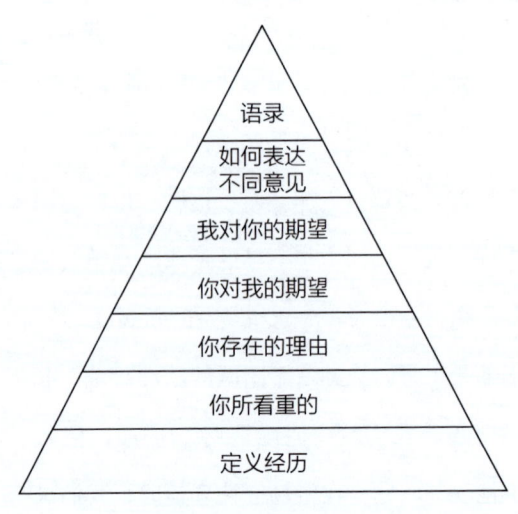

金字塔自上而下各层：
- 语录
- 如何表达不同意见
- 我对你的期望
- 你对我的期望
- 你存在的理由
- 你所看重的
- 定义经历

图 4-1　目标金字塔

让我们从目标金字塔的第一层开始：定义经历。大家都知道自己是谁吗？与你共事多年的那些人通常不知道你的历史、经历，你是如何起步的，你最鼓舞人心的一任老板是谁，或者你在青少年时期实习时学到了什么。把这想象成你的基础、你的关键时刻，就像你在为个人传记总结你的生平故事，不过是以标题的形式，而不是详细的章节。把你的经历分享给你的团队，这对你的团队至关重要，让他们了解你是谁，什么对作为领导者的你很重要以及你是如何取得今天的成就的。

你还记得在成长过程中你所从事过的头 7 份工作吗？你从暑期工作、兼职工作或志愿者工作中学到了什么？这通常是个容易的开端，因为它简单、易回忆，而且你通常可以从其中的每一份工作中汲取人生的经验教训。接下来，你需要更深入地了解：你愿意分享你的家庭生活中的哪些关键时刻？我特意加上了"你愿意分享什么"的警告，因为我意识到不是每个人都愿意分享他们年轻时的生活经历。只需考虑哪些可能是最相关的。你甚至可以泛泛而谈，比如你出生的地方、你的家庭成员、在你的成长过程和学习生活中扮演重要角色的人等。这可能是你在从表面事实层面开始后要回到的一个领域，或者它可能因面向不同的受众而有所不同。下面是一个例子，以便让你对我有更多的了解。

我青少年时期的头 7 份工作以及我获得的经验教训：

（1）报纸投递员

像华特·迪士尼（Walt Disney）一样，我早上6点起床，在上学前送早报。

我获得的经验教训是：我学到了比其他人更早起床能提高效率。

（2）临时保姆

当我13岁时，我当过暑期保姆，3个淘气好动的孩子曾把我锁在了屋外。

我获得的经验教训是：我学到了很好的谈判技巧。（我真的非常需要他们打开前门，快！）

（3）上门销售彩票刮刮卡

在英国还没有国家彩票的时候，我每周三向一群固定的客户销售彩票刮刮卡，他们同意让我每周在固定的时间去拜访他们。这就像是杰夫·贝佐斯（Jeff Bezos）当时还没考虑过的亚马逊精选服务（Amazon Prime）一样。

我获得的经验教训是：我了解到，如果你定期把东西送到人们面前，他们就会购买。

（4）冰激凌销售

餐厅老板布赖恩·默多克（Brian Murdoch）过去经常用4种原料现做新鲜的冰激凌。我在英格兰塞文河畔的斯图尔港（Stourport-on-Severn）旅游小镇沿河卖掉它们。

我获得的经验教训是：简单有效。在正确的位置提供客户所需却没意识到自己需要的东西。

（5）咖啡馆餐饮供应商

英国韦斯顿梦魇（Weston-super-Mare）足球俱乐部有一家比赛日咖啡厅，我在那里与我的妈妈和姐姐一起工作。

我获得的经验教训是：速度至关重要。在足球比赛中，会有15分钟的中场休息时间，那时每个人都想喝茶或咖啡、吃汉堡。你必须批量生产，并准备好在短暂的盈利窗口期间赚取最多的钱。

（6）内衣销售

珍妮特·佩顿（Jeanette Payton）是英国零售商"秘密"（Secrets）的内衣店经理，她在我周六打工时教会了我销售的艺术，那也是我开始零售事业的灵感来源。

我获得的经验教训是：我了解到，比起无穷无尽的选择，少量的选择更能提高顾客决策的速度。

（7）总经理

我在15岁的时候创立了我的第一家公司。在汇丰银行的赞助下，我们必须通过发行股票、选择产品、制定营销策略、制造和销售产品来筹集资金。最后，我们撰写了一份年度报告，并向一个商业领袖小组介绍了我们的财务业绩和经验教训。

我获得的经验教训是：实践经验比任何考试或测验都更有价值。

如果你要求你的团队成员在下一次团队会议或公司活动中分享他们的头7份工作或实习经历以及从中获得的经验教训，你会怎么做？想象一下，如果你有像我上面提供的丰富的例子和开场白，会发生什么？这些例子和开场白提供了无穷无尽的人际关系连接点，并播下了可供他人学习的种子。

从我列出的清单中，你了解到了我的什么情况？我是一个英国人，我从事过与足球有些联系的工作，我在零售业工作过，我在十几岁时创办了一家公司，等等。这些就是我所说的"故事的开场白"，即能够引出与听众联系、对话和共同兴趣的故事线索。在做完这个练习之后，你可以问你的团队成员这个强有力的问题：

"你的故事的开场白是什么？"

目标金字塔的第二层是"你所看重的"，即宣布哪些价值观对你来说是重要的；我建议你选择你认为最重要的7项。如果这对你来说很生疏，请考虑你工作和生活的指导原则是什么。通常情况下，你必须创建你的第一套价值观，然后在你的工作和生活中，抽时间思考一会儿这套价值观。然后，你会更加清楚你所珍视的东西以及对你来说重要的东西是什么。你也可以通过从你的价值观与别人的价值观相冲突的情况进行倒推，从而确定你的价值观。这就造就了价值观的两难困境和冲突，让你看到你的工作方式中什么是重要的。

目标金字塔的第三层是"你存在的理由"，或者你存在的原因。这比你的职位、专业知识或你名字后面的任何字都重要。它是对你的原因或目标的描述。

目标金字塔的第四层是"你对我的期望"，即你周围的人对你的期望——你对团队、同事、老板、董事会、社交圈和家庭的个人承诺。然后，这将导出你在第五层的承诺"我对你的期望"，记录你对他人的期望或要求，即他们如何与你沟通，让你参与决策，并让你保持知情。这两层往往会导致摩擦和冲突，因为双方未能就共同期望事先进行沟通。

倒数第二层非常具体，很有价值。它是你希望他人与你存在不同的方式，即"如何表达不同意"。之所以特别指出这一点，是因为个人喜好的多样性以及它对你所创造的结果的影响。有些领导者喜欢公开的意见分歧，而另一些领导者则强烈反对，希望这一切都发生在幕后而无须公开。亚马逊是一家希望辩论和分歧公开进行而不是发生在幕后的公司，无论质疑者和被质疑者的相对资历如何。2011年，当时的我还是亚马逊时尚领导团队的一员，对许多从其他公司加入亚马逊的领导者来说，亚马逊的这种行事风格成了他们相当大的绊脚石。因为在其他公司，在公开场合礼貌地表现出团结精神是意料之中的事，并会获得嘉奖,然后在事后一对一地解决意见分歧。这与亚马逊的"好斗"标准形成了鲜明对比。亚马逊奉行的是"让我们把所有的问题和分歧都摆在桌面上,直截了当、毫不留情地解决它们,不要退缩。"

目标金字塔的最后一层是"语录",即你用来展示金字塔所有较低层的语录或警句。我把它们描述为沙滩上的脚印:它是你离开后留下的东西,别人可以用这些脚印来跟随你或记住你曾在那里存在过。就像沙滩上真正的脚印一样,它们会被"冲走(遗忘)",所以你必须不断重复你的语录,为你在整个沟通过程中想要的语录制造更多的"脚印"。

现在你已经完成了你的目标金字塔的全部7层,你可以在你的沟通过程中参考这些内容,在你想分享的信息中使用这些内容,这不仅与你的战略和经营业绩有关,还与你作为领导者和人的身份有关。这是你的经历,引领你走到今天的位置。

这样人们才能了解真实的你,而不是虚假的你。在第五章中,我们将探讨如何理解和强化你所在的公司的目标金字塔,但让我们先听听音乐,休息一下。

🔊 音乐的力量

我最喜欢的歌曲之一是黝黑之声乐队（Sounds of Blackness）的《乐观》（Optimistic）。这首歌的歌词对我来说很有意义。我第一次听这首歌时在英国。在我要参加重要考试的前两天，我的男朋友突然毫不留情地和我分手了，我当时感觉非常痛苦。这首歌成了我考试时的安慰剂。从那以后，每当我遇到困难的时候，或者每当我只是需要一些希望的时候，我就会播放这首歌。它让我想起了当时自己努力参加考试的样子。我线下工作时音乐播放得还不算多。如果你参加过我的线上活动，你会看到我是如何在整个课程中使用音乐的。

我以前拜访我的客户搜诺思音响公司（Sonos）时，他们每周都有一个唱片骑师（DJ），他们的音响在圣巴巴拉的总部接受测试并进行展示。但是，为什么这只是例外而不是常规呢？有一个独特的机会，可以通过音乐的力量来升级你的沟通方式，连接你和你想沟通的人。

由于新冠肺炎疫情，在世界各地有许多人都进行远程办公，这意味着一种新的工作方式和生活方式。在这段时间里，在不同城市的公司员工有被隔离的，也有解除隔离的，所有人都在试图透过显示屏找出领导、销售人员、建立人际关系的方式，同时处理好他们的整个生活。听音乐是一种与人联系的不同方式，因为你可以结合音乐讲故事。我经常通过播放一段歌曲，讲述我结合音乐的故事，并鼓励其他人分享他们在某个特定时刻最喜欢的歌曲，使会议的前几分钟变得更有趣。我会问：

"请跟我说说你在……的时候听过的一首励志歌曲。"

然后，你可以让电话会议上的人创建一个播放列表，把人们最喜欢的曲目做成合集，供其他人聆听。这个播放列表可以纪念你与你的团队共度的时光，给予你们某种不同的联系方式。

改变龙卷风

内部沟通要想成功，就必须将"你如何领导他人改变"纳入其中。要使改变成功，人们必须理解并相信改变。可能很少会有盲目的追随者乐于相信你的话，但你必须帮助人们理解，然后让他们相信你要做出改变的原因。

虽然描述改变如何影响你的变化曲线图已被充分记录并广泛使用，但我把改变描述成龙卷风，而不是曲线，如图 4-2 中的改变龙卷风所示。改变可能类似于龙卷风。开始时你会有期待，好奇接下来会发生什么。接着，龙卷风袭来，往往会造成破坏。然后，在遭受更多破坏之前，你可能会在风暴的中心被冻结，需要一个重建阶段来评估和修复造成的损失。你能否把这种描述与你最近经历的改变联系起来呢？

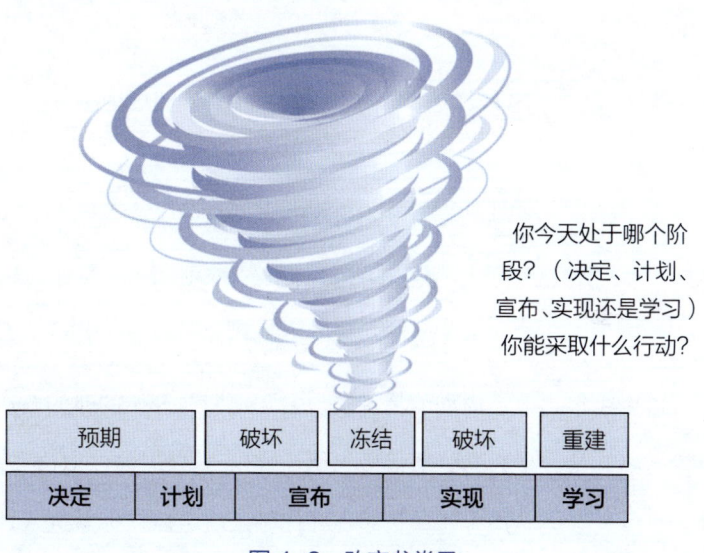

你今天处于哪个阶段？（决定、计划、宣布、实现还是学习）你能采取什么行动？

预期	破坏	冻结	破坏	重建
决定	计划	宣布	实现	学习

图 4-2　改变龙卷风

改变龙卷风是理解改变的多个维度的好工具。在图4-3"改变的关键阶段"中，你可以了解高管、经理和团队为使改变有效所需的参与程度以及他们可能存在的不足。当你审视改变龙卷风的过程，并考虑你所经历的改变周期时，第一步就是决定需要改变。我们正在推出新产品、收购新公司、改变我们为客户提供支持的方式，等等。

图 4-3　改变的关键阶段

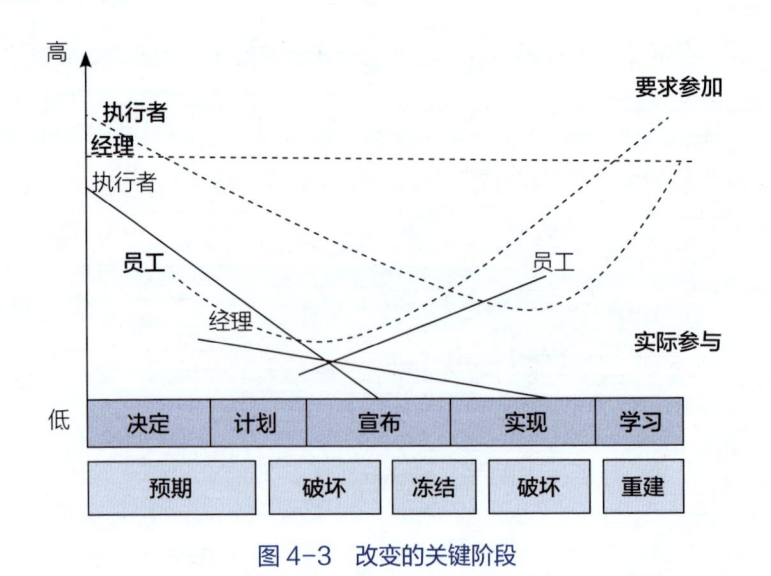

这个决定是改变周期的第一步，是"预期"开始的时候。这时你已经开始产生兴奋、恐惧、担忧、快乐这些情绪中的任何一种，有些人会同时产生这些情绪。在你做出决定后，你就进入计划阶段。在完成计划阶段之后，你再宣布这些改变，然后你就必须把它们实现。在你把它们实现之后，你要学习、回顾，然后反思。这些阶段听起来、写起来或读起来都很简单，但实际上，它们可能需要数月或数年的计划，或者可能在几分钟内就被跳过了。我创建这个改变龙卷风是为了帮助领导者在沟通有明显的变化时看到多重复杂性。

回想一下你最近引入或参与的改变，或者是由其他人引入的部分改变。考虑一下首席执行官或高管们是在什么情况下参与其中的：是在做出决定之前还是做出决定之后？那些需要做计划和准备的经理呢？受影响的员工怎么办？改变龙卷风所显示的是人们通常会参与的情况以及他们真正应该参与的情况。

反思一下各方最近的显著变化——他们参与进来的时机是恰当的、太早了、还是太晚了？

首席执行官／上级主管：＿＿＿＿＿＿＿

管理领导团队：＿＿＿＿＿＿＿

主管：＿＿＿＿＿＿＿

员工：＿＿＿＿＿＿＿

在任何重大的改变中，你都要问这3个关键的问题：

在做出决定时：

"在做出决定前，我们需要让谁参与进来？"

在实施过程中：

"我们已经做出了决定，需要请谁帮忙实施？"

在解构成功时：

"我们应该请谁来帮忙评估这件事的进展？"

我经常目睹管理者和员工参与进来的时机太晚，而高管们又过早地失去了兴趣。在做出决定之前让经理和员工参与进来，不过高管们往往过于谨慎，而事实上，他们正是你要找的人，让他们参与进来以评估是否做出决定、如何做出决定以及实施的最佳方式。

办公室主任的作用

我在微软工作期间，在收购珍奇（Rare）游戏工作室时，我得到了一个独特的职位，被调到位于美国华盛顿州雷德蒙德（Resmond）的微软公司全球总部。这个职位被称为业务经理，但它履行了后来被称为办公室主任的职位的所有职责。这个看似模糊的头衔实际上是我职业生涯中最吸引人的一个职位。在家庭和娱乐部门，当时苹果播放器（iPod）的竞争对手微软播放器（Zune）已经诞生了，微软平板（Surface）已经让触摸屏咖啡桌出现，超级盒子360（Xbox 360）也刚刚推出。我的老板丹尼丝·怀特（Denise White）也支持这个所谓的"比尔·盖茨小组"——实际上是比尔·盖茨亲自管理的所有团队，从微软研究院（Microsoft Research）到首席技术办公室和创新团队。像其他许多大公司一样，微软也有自己独有的公司词汇。当我第一次被告知我将负责该部门的"业务节奏"时,我确实想知道我的工作需要哪些音乐节奏方面的东西!但我很快就了解到,我的职责是管理公司的日程,制定所有的策略规划、交流活动和管理会议,以满足公司和部门的要求。对我来说,这是一种迅速融入微软公司总部的方式,我见到了各种各样的高管,拜访了各个职能部门,并了解了年度日程和活动是如何结合在一起的。在我担任这个职务的两年里,我学到的最重要的一课是,如果领导者身边有与自己能力互补的人辅佐,就极有可能成功。

像微软和联想这样的公司使用"办公室主任"一词,亚马逊使用"技术顾问"一词。无论头衔如何,如果你的执行团队中没有办公室主任或业务经理,请考虑由谁来执行以下活动,因为它们将提升你沟通的影响力:

- 协调公司日程。
- 成为各职能部门和个人之间的纽带。
- 指导战略和未来规划。
- 跟踪跨职能部门的项目。
- 保持高绩效标准。
- 推动兑现承诺的问责制实施。
- 确保沟通机制落实到位。

这个职位是管理团队中最关键的职位之一，它不仅让首席执行官从这些活动中解脱出来，还为寻求拓展职业生涯的高绩效领导者提供了极好的"增长加速器"。

现在我们已经探索了内部沟通的力量。接下来，我们将了解如何将客户置于你所在的公司的核心位置。

第五章
客户是核心

> **本章主题**
>
> - 创造意想不到的体验
> - 深度体验客户的生活
> - 了解公司和你个人的目标
> - 书面文字的力量
> - 十大应对客户危机的问题

客户知道你什么时候是虚情假意,什么时候是诚心诚意的。千篇一律的沟通不再有效。有了关于客户的足够多的数据点和对他们的洞察力,首席执行官必须做到诚实、真实、有意义、细致入微的沟通。首先要找到自身存在的理由,即你自己的职业角色和你所在的公司存在的根本原因。这将有助于完善你的策略、行为和沟通。本章分享了一些创新案例,首席执行官与客户建立了独特的联系,定义了以客户为中心的策略,以不同寻常的方式进行沟通以及采用技术和经典的方法,与客户建立无限的忠诚循环。

🔊 创造意想不到的体验

恰恰就在航空公司希望客户注意的那一刻，95%的客户都把目光移开了。安全演示并非最激动人心或最引人注目的部分，如果你在机组服务人员解释紧急指示之时环顾机舱，会发现几乎每个人都在望向别处。但新西兰航空（Air New Zealand）与众不同。我永远忘不了，我第一次搭乘他们的航班从洛杉矶飞往英国时，几乎每个乘客都在看屏幕中的安全演示。从那以后，每次乘坐这家航空公司的航班，我都对其创新方法赞不绝口，这些方法显示了他们是如何将客户置于公司的核心位置的。

1. 吸引客户的注意力

新西兰航空公司的做法是，让冲浪冠军在美丽的海滩边冲浪时给出安全须知。他们的安全演示看起来就像电影的开头。这确保了每位乘客的注意力都被吸引。公司管理者与员工和客户的沟通可能会冗长沉闷而且老套乏味，因此下面的问题很重要：

"我们怎样才能创造出让人意想不到的东西？"

2. 让平时平淡无奇的东西变得令人兴奋

为什么其他航空公司不对单调沉闷的飞机卫生间进行装饰

呢？新西兰航空公司只花了一些贴纸的边际成本，就让飞机的卫生间里有了枝形吊灯、书柜和有趣的展示橱窗，这很有创意。站在客户的立场上走1英里[①]（或飞1英里！），通过与公司每个人互动的细节来了解他们的客户旅程，然后问问你自己：

"这一步怎么走（或飞）才能更令人愉快，更令人兴奋呢？"

3. 确保你的客户坐得舒服

航空公司飞机上的座位是出了名的不舒服，因为飞行的经济效益是在尽可能小的空间里容纳尽可能多的人。即便如此，微小的改变也能带来显著的变化。有人发现，如果你不是特别高大，那么坐飞机时最让人不舒服的就是椅子对你腿部造成的压力。新西兰航空公司为其高级经济舱乘客提供了小懒人沙发，让他们把脚搁在上面休息。这可能比一体式的完整脚凳更经济实惠，以合理的成本提供舒适感。当你和你的团队思考这个问题时，问一问：

"我们怎样才能让我们的客户更舒适？"

---

① 1英里约为1.61千米。——编者注

4. 尝试新的设计

并非每个新的设计理念都能一举奏效。有些受人吹捧的新飞机设计，例如六边形的蜂窝式经济舱座椅布局[1]，旨在增加每架飞机每平方英寸[2]的乘客数量。还有其他配置，以达到同样的目的。但新西兰航空公司没有跟随其他航空公司的选择，而是选择了相反的设计方向，他们在豪华经济舱的座椅之间岔开角度、拉开距离，以便旅客获得更多的个人空间。当你把自己与竞争对手进行比较时，问问你的团队：

"我们怎样才能抛开传统，进行尝试呢？"

5. 进行真诚的对话

带有打钩表格和点击框的客户调查是没有说服力的。客户很少完成这些调查，即使完成了，满分为 5 分的话，就具体的表扬或改进机会而言，3.75 分的评分意味着什么？当我乘坐的新西兰航空公司航班结束飞行时，一位乘务员走了过来，坐到我身边，手里拿着一本空白的笔记本和一支笔。她微笑着解释说她想听听我的反馈意见，向我了解一下飞机的飞行情况和空姐薇拉（Vera）所提供的服

---

[1] 这一设计采用面对面形式，中间的座椅朝向后方。——译者注
[2] 1 平方英寸约为 6.45 平方厘米。——编者注

务。我们进行了一次真诚的对话，就像在和朋友聊天一样。我详细地讲述了一些真实的经历和感受，而没有给出看得见的数字或分数作为评价！她告诉我，他们一下飞机就会立即和乘务员分享具体的反馈意见，因为这样大家可以即时听到关于客户的经历和感受，这会激励团队。当你反思你对客户的了解程度时，要问一问：

"我们如何才能提出真诚的问题并得到具体答案，然后按答案采取行动？"

6. 匹配需求和投资

这是我最喜欢的客户差异化方式，可能是因为我确实喜欢冒险，偶尔会赌一把，而这一次我得到了回报！在返回洛杉矶的航班上，我得到了机会，为自己和我当时7岁的女儿申请升级到商务舱。我出价几百美元，被告知我的出价不太可能升舱。令我高兴的是，在我回程的前几天，我被告知我的出价被接受了。我喜欢用易贝（eBay）的那种竞价方式来竞标准备投资的产品以改善体验。新西兰航空公司可以最大限度地增加获得收入的机会，而乘客可以决定要如何改善他们的旅程。这给你带来了什么想法？和你的团队一起考虑一下这个问题：

"我们如何提供创新的方法，吸引我们的客户进行更多的投资？"

我现在按照新西兰航空公司的航班时间表来安排我的欧洲之旅。我还在会议上向成千上万的人讲述了这个经历并分享了这些经验。新西兰航空公司知道如何把客户置于公司的核心位置，我显然是这家公司的忠实粉丝和宣传者。图 5-1 是"意想不到的体验工具"，你可以和你的团队一起使用，让他们想象一下在公司里增强顾客体验的可能性。当你思考如何为自己的客户创造出乎意料的体验时，让我们来探讨一些其他的例子，首席执行官通过深度体验客户的整个生活，将客户置于公司的核心位置。

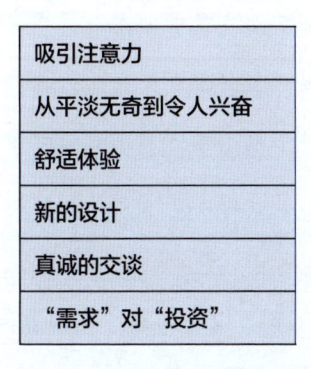

吸引注意力
从平淡无奇到令人兴奋
舒适体验
新的设计
真诚的交谈
"需求"对"投资"

图 5-1　意想不到的体验工具

深度体验客户的生活

史蒂文·韦伯斯特（Steven Webster）是健身人工智能开发商艾森赛公司（asensei）的首席执行官。艾森赛是一家致力于开发运动服饰的科技公司，其产品可跟踪进展并提供实时的指导反馈。在创业生涯早期，他将公司出售给了美国著名的图形图像和排版软件的生产商奥多比公司（Adobe），并建立了奥多比的全球咨询部门。下面是韦伯斯特分享的内容，关于他如何鼓励他的整个组织与客户共同努力，以尽力创造最佳绩效。

我们创建的组织采用了"设计引领创新"的理念，我们认为这种理念是商业、技术和设计三者交汇所得的。我们每一次都是从项目刚开始时，就开始与客户接触。这个项目更多的是关于人种学和人类学的研究，而不是关于技术。我们会在项目最开始的两三个星期里，每天都按目标用户的生活方式生活，并尽可能地建立对用户的同理心和理解。

北大西洋公约组织（以下简称"北约组织"）要求我们帮助其制定任务规划的工作流程。这是一个以文件为导向的过程，有大量的电子文件和打印资料，围绕电子文件构建工作流程的公司应该能够解决其问题。我让我的设计师团队出发前往盖伦基兴（Geilenkirchen）的一个空军基地，盖伦基兴是一个德国小镇，那里有大量的数据输入，从流程的一个部分出来的文件又被重新输入到流程的另一个部分。我安排用户体验设计师在预警机上试飞，这样他们就能看到这些数据输入是如何被保存在一个巨大的磁盘上，并被加载到飞机上，以配置飞机进行侦察或安全操作。之后在关键时刻，我们被邀请参加一个任务规划，发现军方成员都带着剪刀、透明胶带和地图。他们把地图分割成小块，然后把它们粘在一起，形成虚构的景观，创造新的土地，并把它们载入系统。用纸和笔画出禁飞区、目标以及任何东西，而这就是所有这些数据的来源，这些数据被键出、重新键出和重新输入。

这是这次经历的精髓所在。

我们创建了一个任务规划系统，该系统不再是在组织中高效移动的 PDF（可携带文档格式）文件和电子记录，而是以高度可视化的能力为基础，去绘制、创建和注释地图，同时从 80 多个不同的系统幕后提取数据。人们在文件柜顶上拼接卷起来的地图，准备执行任务，对那些人进行的短暂观察让我们知道了应该如何设计解决方案。

在另一个项目中，我被要求修复奥多比公司自己的客户支持组织。我们的客户满意度得分在发布奥多比的创意云（Creative Cloud）产品时指向了错误的方向，并且假设那是由于客户满意度与我们呼叫中心的性能有关，我们应该将客户转移到自助服务应用程序。但为了真正了解这个问题，我们把我们的设计师派到位于马尼拉和阿姆斯特丹的呼叫中心工作。我们让他们接受了为期一周的呼叫中心客服人员培训，然后我们让他们坐在电话机前接听电话、解决问题。正是在那里，我们发现了各种各样的见解（有些我可以在这里说，有些我不能说）。我们的客服人员的低效率和有待改善的应变方法导致了客户对呼叫中心的满意度很低。

我们在圣何塞（San Jose）建立了一个特殊的房间，我们可以邀请高管置身于聊天队列中，亲自为自己的产品回答支持查询。与更令人兴奋的照片处理新产品功能相比，在领导会议上看似微不足道的决定——比如提供教育费用折扣的政策和流程是什么——带来的矛盾会突然升级。为什么我们要求学生把他们的学生证传真给呼叫中心，然后等到人工审核后再批准他们的教育费用折扣？他们的学期项目明天就要到期了，走完这些流程，时间根本来不及！

通过让组织中的每个人——从首席执行官到产品管理副总裁，再到构建产品的工程师——都去体验客户的体验或生活中的一天，他们就能够建立起深刻的同理心，为技术决策和业务流程（如教育折扣政策）提供信息。

这是我在艾森赛工作时一直坚持的东西。当我们确定高中赛艇运动员是我们的目标客户时，我们在旧金山湾区的塞拉高中（Serra High School）举办了一个研讨会，以真正了解艾森赛可以解决的那些高中赛艇运动员所面临的挑战。在艾森赛，我们没有支持团队，或者更确切地说，我们只有公司的两位创始人，即我和我的首席产品官。如果你因为密码无法重置，或者无法将艾森赛应用程序连接到你的划船机上而发邮件到艾森赛的客服电子邮箱；或者你因为膝盖受伤正在康复中不能再跑步，所以使用我们的产品，那么回复你邮件的人就是公司创始人之一。这种与客户的密切联系和同理心是决定我们业务优先级和技术路线图的依据。

在韦伯斯特讲述的故事中，我最喜欢的部分是，无论你处理的是关键的北约组织规划、科技公司的客户服务帮助，还是交互式划船机营销，其原则都是一样的：你必须在你的战略、沟通和行为中考虑到客户。如果其中任何一个方面有所缺失，你公司的盈利能力就会下降。这在如图5-2所示的"最终客户的利润透镜"中显示出来。

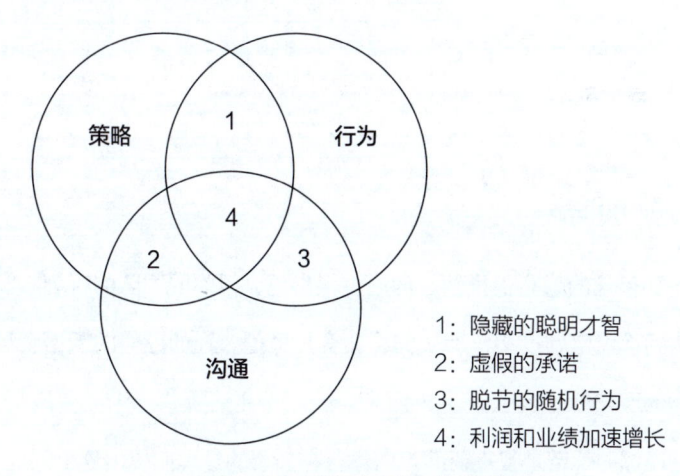

1：隐藏的聪明才智
2：虚假的承诺
3：脱节的随机行为
4：利润和业绩加速增长

图5-2 最终客户的利润透镜

必须有意识地处理这3个因素——隐藏的聪明才智、虚假的承诺和脱节的随机行为，以实现你利润和绩效的最大化。这3个因素就是许多改善沟通的努力会失败的原因，因为往往沟通并非问题所在，而是团队成员的策略或行为导致了努力放缓。考虑一下贵公司在哪些方面有优势，在哪些方面有改进的机会。

隐藏的聪明才智

如果你有专注于客户的强大策略，而且你的团队行为得当，但缺乏沟通，那么你就会失去更多的客户和由此产生的利润。就好像你们的能力是个保守得最好的秘密。你需要确定如何以新的方式更持续地进行沟通，以展现你的聪明才智。现在是时候问一问：

"我们的客户希望以何种方式收到我们的消息，多长时间收到一次？"

虚假的承诺

如果你的战略很稳健，沟通也很出色，但你的团队的行为却没有达到你设定的期望，那么你将让客户失望。你的虚假的承诺会导致你的客户弃你而去，不再回来。因此，评估哪些行为需要改变，以兑现你的承诺是很重要的。向你所在公司的经理们提出这个问题：

"哪些行为对我们的客户很重要，我们该如何改进？"

脱节的随机行为

如果你对客户的行为堪称楷模，你的沟通也很完美，但你却缺乏战略，那么你会让客户感到困惑。虽然他们可能会对每次互动感到高兴，但不一定会有回访或更多的消费，因为他们认为你不是用心去做的。这一切可能会让人觉得有点随机。现在是时候考虑一下这个问题了：

"我们对客户的意图是什么，我们将如何实现这一意图？"

最终的收获是，你有强大的意向战略，明确的行为定义和表现以及独特的沟通方式，能获得客户的注意力和忠诚度。在深入了解更多示例之前，让我们看一看以你所在的公司目标为基础的价值观。

了解公司和你个人的目标

在第四章中，我们探讨了如何定义和解锁你的个人目标，这是创建公司目标之前重要的第一步。许多人在阅读本章时，可能正处于公司目标已经为你定义好了的职位上，或者你可能是某个管理团队的一员，这个团队正在定义你是谁以及你存在的理由到底是什么。

第四章中的目标金字塔也可以用来定义公司的目标。如果你是直接跳到本章读的，那么先看一下个人目标金字塔（参见图

4-1），然后回过头来看一下如图 5-3 所示的"公司目标金字塔"，这对你会有所帮助。

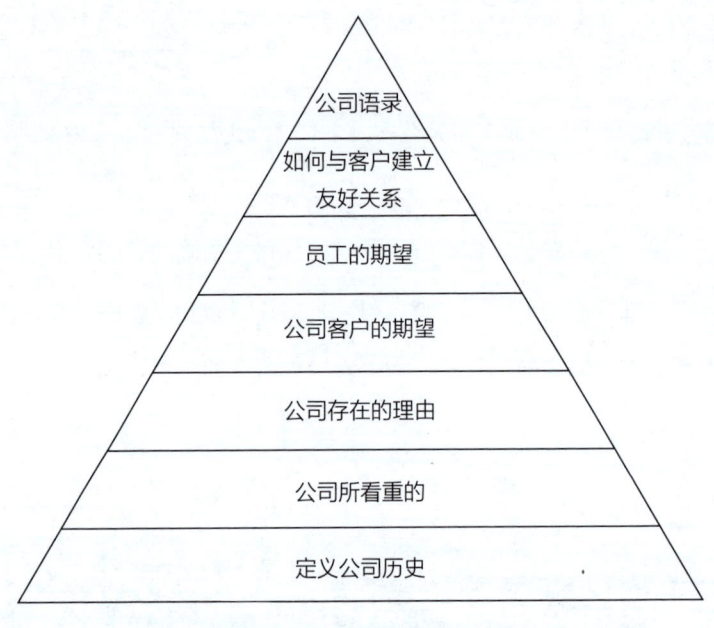

公司语录
如何与客户建立友好关系
员工的期望
公司客户的期望
公司存在的理由
公司所看重的
定义公司历史

图 5-3　公司目标金字塔

公司目标金字塔的 7 个层次允许你提取和构建公司的目标和经历。当我和管理团队一起工作时，团队的每个成员在为公司工作之前都会创建他们自己的目标金字塔，因为这样我们就可以把高管的独特经历融入公司的整体目标中。

让我们从第一层开始：定义公司历史。根据每个人最近加入管理团队的情况，考虑每个人对公司历史的理解程度。了解公司是如何成立的，所有权、首次公开募股、收购、扩张、收缩、遇

第五章　客户是核心

到的困难和领导层变动的所有变化都有助于你了解公司的过去。当我开始与新客户合作时,我喜欢问他们谁在公司工作的时间最长,因为我发现,倾听他们对领导层变更、所有权、过去的成功和失误的看法,具有难以想象的价值。解开这个谜团的一个有创意的方法是问:

"如果我们要选择公司博物馆的展览品,那么会选择展出什么?"

接下来,在第二层中,你们需要共同定义公司的价值观,或者检查现有的公司价值观(如果已经被定义了)。你可以通过问这样一个问题来发现它们:

"我们真正关心他人的什么,期望他人怎样?"

第三层是陈述你存在的理由,或者你的职业角色存在的原因。在这里,你可以通过以下问题来描述你存在的理由或目标:

"我们为什么在这里,我们为什么如此重要?"

在第四层,你将承诺你的客户可以从你那里得到什么——公司将始终如一地提供什么。你可以通过完成这句话来体会这一点：

"每一位客户都能一直……"

第五层是进一步的承诺，当你考虑到你的员工时，你希望你的每一个团队成员在公司工作时能够依赖什么？这样表达可以帮助你阐明这一点：

"我们对员工的承诺是……"

接下来，你要声明你的客户将如何与公司有密切关系以及你将如何倾听他们的意见，听到他们的反馈，并根据他们的反馈意见采取行动。可以这样开头：

"我们正在倾听，以下是如何……"

公司的目标金字塔的这几层为你创作公司语录（即公司的目标金字塔的第七层）奠定了基础，这些语录是你将在营销、媒体采访和内部沟通中使用的短语。许多公司都是从第七层开始的，这就是空洞的言辞和花言巧语出现的地方。

这个"公司目标金字塔"使你能够调整你的管理团队、董事会和员工，围绕你的身份以及你将客户置于业务核心的方式来进行调整。这将使你能够以恰当的方式脱颖而出。

🔊 书面文字的力量

我的英语老师波茨（Potts）先生现在肯定会以我为荣。此时我意识到，在我十几岁的时候，当他教我的时候，我并不是一个好相处的学生。在他要求我把想法写在纸上的时候，我遇到了困难。现在，我知道我有注意缺陷与多动障碍（Attention deficit and hyperactivity disorder，简称 ADHD），我知道那可能是造成我写作困难的原因之一。在我的零售生涯中，写作对商店的盈利能力无关紧要，对汽车制造、IT 咨询、电信或医疗保健行业也不重要。不过，我一加入微软，就必须通过演示文稿和电子表格（微软公司首选的沟通工具）创建一个视觉化的故事。但是，当我加入亚马逊的时尚领导团队时，我遇到了写作挑战，这让我感觉自己重新回到了十几岁时的英语课堂！

我认为亚马逊教会了我如何简明扼要地写出有影响力的文章。在我从微软到亚马逊的过渡过程中，最艰难的部分是，学会把客户和长期股东利益放在首位，以令人信服的方式写作。我现在很感激自己在亚马逊的经历，这也是我给我的客户的建议之一：

利用书面文字的力量，因为花哨的图表并不总是有效。当你被迫详细地写下事实时，它会使你停下来。在充满承诺和轻率主张的流畅展示中挥手致意是很容易的。

在亚马逊，我们要为每一个决定、投资、策略审查或新想法准备一份文件，而且是以客户为中心。这些文件是在会议之前就准备好的。当你到达会议现场时，6页的文件被分发到每个人的手中，供他们安静阅读。每个人都在文件上做笔记，然后会议负责人会要求每个人逐页阅读文件，回答问题或听取意见。我喜欢这种方式，因为它为每个人提供了平等的发言权，并考虑到了吸收和处理信息的不同方式。它还可以阻止与会者附和资历最深的人或者说话最大声的人，这种情况可能会发生在领导者主导决策或讨论的时候。亚马逊使用这种方法来确保每项投资都考虑到客户。我设计出了"卓越商业案例"和"快速界定规划"作为工具，用以帮助公司从客户的角度来界定公司的举措，并就新计划的影响达成共识。

> **"卓越的商业案例"和"快速界定规划"**
>
> 　　这是我用来帮助公司创建他们自己的新计划的工具，阅读完本章的这一部分后，对你正在考虑的任何新想法，你都能获得可靠的商业案例。

（1）概要——快速概述，解释整体计划

目标：新项目/产品/服务的专线目的。

详细说明：包括新项目/产品/服务的所有具体细节。

时间安排：高水平的时间安排。

上级主管：哪个领导团队的成员在资助此项目？

（2）从最后开始，快进到启动和描述你所看到的

新闻稿：撰写新闻稿，包括标题、详细的文章以及它会被刊登在哪个出版物上。

客户反应：我们的客户对此会有什么反应？

同事反应：我们的同事会说什么，有什么感觉？

董事会动态：如果成功了，人们会向董事会报告什么？

（3）现在与未来——限定范围的6个步骤（见表5-1）——要主动界定工作的详细范围

表5-1　限定范围的6个步骤

步骤	现在	未来
第一步：客户	这是为了我们现有的客户，还是吸引新的不同的客户？现在对客户有什么举措？他们经历了什么？他们目前的反馈意见是什么？什么样的客户指标支持这个计划？	谁是新客户？客户体验/机会是什么？什么会改变客户对我们的体验方式？什么样的客户指标才能证明成功？

续表

步骤	现在	未来
第二步：竞争	现在，我们的竞争对手在这个领域已经做了什么？我们有什么竞争性数据，或者我们需要收集什么竞争性数据？在这一领域，我们目前是落后、平均水平、领先还是一流？	我们知道或猜测我们的竞争对手在未来会推出什么新产品？我们的目标是什么？我们想在这一领域落后、持平、领先还是争当一流？
第三步：速度	到目前为止，我们过去处理这个问题的速度有多快？	建议的实施速度是多少？什么都不做的代价是什么？
第四步：成本	当前成本是多少：已安排预算的、超支的等。	这项计划的总成本影响是什么？
第五步：收益	现在与该计划相关的当前收益是多少？	这项计划预期的净收益增长是多少？
第六步：利润	现在与这个计划相关的当前利润是多少？什么财务指标可跟踪当前状态？	在各个时间段内，与该计划相关的未来预期利润是多少？什么财务指标将能追踪未来的成功？

（4）能力与才干评估

- 我们需要什么能力来最终确定业务案例，制订实施计划和将产品投放市场？
- 你现在有这些资源吗？什么时候可以开始做这个产品？
- 需要什么样的跨部门支持？

- 哪里有差距？

（5）实现计划

- 哪些关键的日期/里程碑是重要的？
- 哪些内部或外部因素可能破坏这项工作的进程（例如缺乏技术资源、依赖战略伙伴关系等）？
  - ▶ 内部 –
  - ▶ 外部 –
- 你对减轻这些风险的最有效想法是什么？
- 谁是需要参与的关键利益相关者？

（6）不这样做的最佳理由

当然，这是你的倡议，你相信它，并希望实现它。如果你客观而批判地看待这个问题，那么不这样做的最佳理由是什么，或者在你提出的时间范围内不这样做的最佳理由是什么？

一旦完成了"卓越商业案例"和"快速界定规划"，你就应该集中精力向你的董事会、首席执行官或老板"推销"你的想法。我很想听听你自己使用这个工具后的反馈意见。它给了你什么启示？如果你是跳到这一节读的，想知道是否值得研究这个问题，我想分享一家金融服务公司在完成这个练习后给我的一些反馈，这个练习是他们三年战略规划的一部分：

- "我们是在纪律散漫的环境中成长起来的,而商业案例正在帮助我们变得更加有纪律。我想学习如何做好这件事。"
- "詹姆斯(James)总是比我们更遵守纪律。这有助于我们变得更像詹姆斯。"
- "一开始我挺挣扎,但我在一个项目中使用其中一种方法,然后将其应用到我自己的产品中,从中我看到了巨大的价值。"
- "商业案例帮助我认识到,如果不解决当前的问题,我们就无法进行拓展工作。这个过程帮助团队成员变得更加投入。"
- "我通常从大局考虑问题,而萨拉(Sarah)则手忙脚乱。这迫使我陷入困境,埋头苦干。我知道我一直在说,让我们试试这个,这可能会让人抓狂。我喜欢这个练习迫使我谈论它是如何影响客户的。"
- "这迫使我不仅要'提前考虑6步棋',而且要装上'防护栏',不要再胡思乱想了,而是要把它变成现实。"
- "它迫使我们进行全方位的思考,因此你不仅要考虑你已经接触到的领域,还要考虑你可能接触到的每一个领域。"
- "对董事会最新新闻和报道的关注使你集中精力,并推动见解分享和思路整理。"
- "昨天不同团队之间进行的分享表明,我们十分需要进行跨职能部门的讨论,这样我们才能对我们正在努力实现的目标达成共识。"

- "我们需要投入更多的时间进行跨团队工作。这有助于让所有人达成一致。"

> **解构"有效沟通的言辞"**
>
> 请注意我在这里讲的:我在使用策略教你如何与客户合作。我正在分享我的客户对一款产品的反馈,以帮助其他客户(读者)看到我所带来的价值。你是如何利用你自己的客户来鼓励其他客户,并帮助他们更多地使用你的产品和服务的呢?

十大应对客户危机的问题

将客户置于公司的核心位置并不总能保证公司发展得一帆风顺。危机就发生在你想重新建立客户关系的时候。问问你自己,在突发事件中你能做些什么来支持你的客户?以下是我在新冠肺炎疫情期间与共事过的高管们分享的问题示例。在设计这些问题时,每一个问题都考虑到了客户:

(1)我们如何保障员工的生活,或者让他们的生活变得更容易?

(2)我们可以临时改变哪些政策来帮助我们的员工或客户?

（3）我们怎样才能使客户更容易从我们这里购买产品？

（4）哪些渠道可以让我们的客户生活得更便利？（例如，让餐厅准备好"只提供免下车服务和自取的取餐方式"的规定及相关措施。）

（5）我们需要以不同的方式设法解决哪些地区的问题？

（6）我们有哪些创新的想法，可以现在就快速帮助我们解决问题？

（7）我们是否与员工和客户建立了正确的双向沟通机制？

（8）我们如何才能保持客户对我们的忠诚度？（例如，在出行减少期间如何保护客户的忠诚度）

（9）我们如何提供乐观的、现实的和最坏情况下的计划，说明这将如何影响我们的业务，以便我们能够让我们的董事会和投资者了解我们短期和长期的可能性和现实情况。

（10）我们可以从客户支持的最佳范例里学到什么？

既然我们已经探索了如何将客户置于公司的核心位置，我们必须打破先入为主的想法和限制，想象不可能实现的事情，并为登月计划①而努力！

---

① 原文为"moonshot"，指的是"一个在没有任何短期盈利预期情况下进行的雄心勃勃的项目"，也就是一个"较为大胆的想法"。——译者注

第六章

登月计划

> **本章主题**
>
> ● 关于登月计划的认识误区被揭穿
>
> ● 引发大胆创意的问题
>
> ● 登月计划为何钟爱危机
>
> ● 十大有力的正面反驳
>
> ● 在登月计划中保持头脑清醒
>
> ● 竞争激励登月计划
>
> ● 你的个人登月计划

非现场活动并不能有效地引发创新,聘请咨询公司也不能保证能激发出你的勃勃雄心和大胆的创意。本章解释了如何在你所在的公司中创造"登月计划"的想法。如果你不熟悉什么是登月计划,简单来说,在商业领域,它意味着为你的公司设定一个长期目标,而这有时可能是一个相当大胆的目标。"登月计划"一词是肯尼迪总统呼吁人类探索月球时出现的。它意味着需要解决一个巨大的问题,需要投入大量的时间和资源,同时开启创新思维。就像人类第一次登月一样,登月计划的想法本身就要求你放弃旧思想,想象各种可能性,挑战假设,在当下检查自我,敞开心扉,并让关键决策者参与进来。本章所举出的事例将为你阐明各种可能性。它们为你提供了所需的沟通、反驳和回击方法,这些都是打败你所在的公司中那些思想顽固者所需要的。这些人通常的回答是:"我们已经试过了,但没有用。"

如果说这一章有什么值得我们学习的话,那就是:

"我不会帮你办非现场活动,因为那不是你真正需要的!"

关于登月计划的认识误区被揭穿

也许你跳到这一章是因为你和你的管理团队,或者和你手下的 50 名高管安排了一个为期 2 天的静修会,你正在寻找一些创造登月计划想法的建议。也许你的首席执行官要求你们提出有影响力又大胆的想法,以实现你们的五年战略。也许你已经在外部专家身上投入了大量资金,创建了一个创新项目,但它进展不顺,处于苦苦挣扎之中,你需要某些指导。我正是为这一切而来的。每年 1 月,在拉斯维加斯会举行国际消费类电子产品博览会(Consumer Electronics Show),在展会大厅里,都可以看到登月计划的例子。这是一个创新贸易展,展示了不同程度上改变我们生活的各种可能性的产品和技术。强脑德盛公司(BrainCo Dexus)展示了一只假手,你可以通过大脑发出的电信号来控制它。如果它成为现实，将为截肢者提供突破性的帮助。我喜欢追踪这些雄心勃勃的项目，以了解它们现在的情况，事实上，它们进展顺利。该产品被分离出来，成立了独立公司——大脑机器人（Brain Robotics），如果获得美国食品和药物管理局（Food and Drug Administration）的批准，即可投入批量生产。

在继续讨论之前，我们需要揭穿关于登月计划的3个认识误区。

首先，认为每家公司都需要登月计划的想法是错误的。虽然硅谷和世界各地的公司已经采用了这个短语作为他们自己的说法，但在你的战略中有登月计划并非成功的先决条件。恰恰相反，我们应该说：

"我们将专注于我们已知的战略，并完美地实施它们。"

第二个误区是我们必须聘请顾问。我意识到"没人会因为聘请麦肯锡而被解聘"这句话很常见，但你可以创建自己的登月计划，而不需要在寻求外部援助上做七位数的投资。相反，你可以说：

"我们内部有哪些可用的人，我们需要外界的帮助吗？"

最后一个误区是盲目认为我们有敬业的领导者。如果你的首席执行官或首席财务官从一开始就把责任推卸给另一位领导者，那么登月计划的想法就永远不会成功。相反，应该说：

"作为一个管理团队，以下是我们将如何支持这个……"

引发大胆创意的问题

以第五章中"公司的目标金字塔"为基础，使用下面的问题来激发勃勃雄心并启发大胆的创意：

"有什么是其他人没有尝试过的？"

"什么是可能的和极其可能的？"

"我们的独特定位是创造什么？"

"还有哪些国家或地区在这方面处于前沿？"

"如果我们不担心失败，我们会做什么？"

"我们能为客户的生活带来哪些改变？"

"其他行业中有哪些技术可以为我们所用？"

"如果有一笔意料之外的100万美元投资，我们会把它花在哪里？"

登月计划为何钟爱危机

在轻松的、阳光明媚的日子里，当业务稳定、不断发展，每个人都有时间思考和作计划时，有雄心的、天马行空的想法令人愉快。但奇怪的是，实际上，悬而未决的或真正的危机创造了不同的动力，使得登月计划蓬勃发展。

不幸的是，在 Xbox，微软冲销了 10 亿美元，才让"创造具有广泛吸引力的 Xbox"成为内部集会的口号。我在 Xbox 工作期间，有幸成为这个小团队的一员，这个团队创造了一种创新体验，探索我们如何在争夺客户和未来客厅娱乐的战斗中赶上任天堂和索尼的 PlayStation 团队。

其探索的结果就是创造肯奈特（Kinect）摄像头，该摄像头于 2010 年发布，并在 3 个月内售出了 1000 万台，成为有史以来最畅销的消费型电子设备之一，并在《吉尼斯世界纪录大全》（*Guinness World Records Book*）中占有了一席之地。虽然 Kinect 不再以其最初的形式投入生产，但其技术现在已经在微软的很多产品中得到了应用。它最大的影响已经超出了娱乐领域，进入了医疗领域，使医生能够使用简单的手势来改变、移动或放大计算机断层扫描（CT scan）影像、核磁共振成像和其他医学影像，使手术变得更快、更精准。

新冠肺炎疫情引发了许多登月计划。成功的公司把这场危机视为回报和支持客户和社区的机会。我最喜欢的一些成功故事就是在这场危机中诞生的：

- 发明戴森真空吸尘器的詹姆斯·戴森（James Dyson）接到了英国首相约翰逊的电话。首相说："你有制造工厂，你是个发明家，你怎么才能帮助我们获得呼吸机呢？" 14天后，戴森想出了一个办法。他在这么短的时间内创造了一个原型机，他们加快了所有常规的背书和检查，并计划制造15 000台呼吸机。虽然英国政府决定不再需要这些呼吸机了，但这证明了在迫切需要之时，一家公司能以多快的速度适应并创造出登月计划。

- 为电脑、数码和移动产品的用户提供周边产品的贝尔金国际公司（Belkin International）与伊利诺伊大学（University of Illinois）合作，将其工厂从生产电脑和手机配件调整为生产急救呼吸机。

- 美国国家航空航天局（NASA）的喷气推进实验室（Jet Propulsion Laboratory）仅用了37天的时间，就研制出了一种新型呼吸机。

- 苹果公司为医疗工作者设计和制造防护面罩。

- 在纽约，四季酒店（Four Seasons）表示，在医护人员不能回家，以免有传播病毒的风险的情况下，他们为医护人员免费提供酒店客房。此举开始后24小时内，又有5家酒店纷纷效仿。它们成为该市支持医疗工作者的灯塔。

我的最后一个例子是关于个人的例子，也是一个关于多重联系的故事。在新冠肺炎疫情期间，我在一家咖啡馆为家人买午餐，无意中听到前面的顾客说她在当地的一家医院工作。我问她，他们是否像报道中所说的那样，在物资供应方面遇到了困难。她证实了这一点，并解释说，他们正在将湿巾撕成两半使用，其他用品也严重不足。她告诉我，她的丈夫也在那里工作，所以两人都暴露于病毒污染的环境中。听及此处，我突然产生了想要帮忙的冲动，这导致了下面一连串事件的发生：

- 我突然想到我的一个客户贝尔金国际公司，它是富士康公司旗下的一家子公司。富士康已经将他们的工厂重心从制造小工具、小部件和零件转向了生产口罩。
- 我给他们的首席信息官（CIO）打电话，解释了情况，并询问我们如何能建立正确的连接，他主动提出要联系富士康团队。
- 接着，我碰巧在领英网上看到，我7年前在洛杉矶商会活动中认识的一位高管透露，他的生意伙伴有多余的口罩。
- 最后我咨询了一位当地议会成员，我知道她与医疗机构首席执行官有联系，想知道联系她的最佳方法。有了她的联系方式和个人防护设备的几个潜在来源，我得以与医疗机构的首席执行官分享资源和联系方式。

"你能说出哪些与登月计划有关的故事，能把这些关键点连接在一起吗？"

我之所以分享这个多步骤的故事，是因为连接关键点的艺术可以解决那些像是登月计划的艰巨任务。你拥有的相关人脉越多，你就越有可能联系或帮助他人。这进一步强调了保持人际网络畅通的价值。虽然这个案例是为了解决危机，但你的人脉越深越广，你身为高管的价值就越大，建立战略合作伙伴关系的机会就越大，这样你们就能一起解决登月计划。定期询问你的团队成员这个问题：

"在这些公司或行业中，你认识哪些人，我们可以见面吗？"

危机给你提供的唯一机会是重新设定的机会。稳定性和重复性是实现登月计划的障碍。在危机中，你可以轻易地提出这样一个问题：

"如果今天你要彻底改造公司，你会改变什么？"

想象一下，你面前摆着一张白纸，要在上面斟酌着写下你的客户、他们当前和未来的需求，以及你公司独特的专业知识、技术和资产。想想你的公司蓝图会是什么样的，以及你将如何进入市场。危机会导致思维方式的转变，会产生不惜一切代价的心态，会让人们自由想象各种可能性。

如果在新冠肺炎疫情开始后，你换了工作，问问周围的人，让他们讲讲你现在的公司在新冠肺炎疫情期间如何应对、适应和创新的故事。

"在新冠肺炎疫情期间，我们公司发生了什么变化？"

这将有助于你了解公司的历史和你周围人的重要经历，有助于你加强对公司目标和你周围人的目标的理解。当你向那些反对你的人努力推销宏大而大胆的想法时，这种更深层次的理解将有助于你为将要出现的一些不可避免的情况做好准备。我们接下来将探讨这个问题。

十大有力的正面反驳

持相反观点的人非常棒，因为他们可能会指出你看不到的东西，所以当他们毫不留情地在你的想法和建议中找出漏洞时，你要疏导自己，减轻可能会因此感觉到的疲惫。我曾与一家科技公司的首席执行官共事过，当时他正准备在有 100 名顶级高管参加的公司战略静修会上发表演讲。他最关心的是观众会提出什么问题，以及如何才能最好地进行回应。因为他提出了一些大胆的新举措，征求并期待得到反馈。我为他可能收到的反馈准备了这份备忘录，名为"十大有力的正面反驳"。（见表 6-1）

表 6-1　十大有力的正面反驳

意见反馈	正面反驳
"我们以前尝试过。"	"我想了解得更多一些……"
"太复杂了，无法解决。"	"让我们来看看哪些部分很复杂……"
"最后三次失败了。"	"我很好奇有什么不同……"
"我们的竞争对手做得更快 / 更好。"	"他们有什么是我们没有的？"
"你的假设是错误的。"	"我们分成小部分说吧，这样我可以听到更多……"
"你为什么确信自己可以做到？"	"我相信我们能做到，你呢？"
"我们调查这个是在浪费时间。"	"我们能做些什么呢？"
"没人相信这行得通。"	"出于相同的原因，还是出于不同的原因？"
"风险太高了。"	"如果我们克服了这些困难，有什么好处？"
"这样做不对。"	"多告诉我一些情况。"

我们家有 3 个十几岁的孩子——或者说青少年——在与她们

的相处过程中,我早已深知反驳的力量,但在工作中,反驳需要有积极的角度。这将有助于你为考虑宏大而大胆的想法做好准备。要做到这一点,你需要保持头脑清醒。

在登月计划中保持头脑清醒

要带领你的公司或团队完成登月计划和大胆的、有挑战性的目标,你需要保持头脑清醒。离开你平时的圈子和惯常的场所,寻找新的圈子加入其中,这些社交场合可能与你的行业或职能专长无关。我总是鼓励和我一起工作的首席营销官(CMO)多参加技术活动,却鼓励技术高管多参加营销活动。思考一下你每周都阅读了什么,你醉心阅读什么样的出版物,你的邮箱里收到了哪些数字读物和实体书的推荐,以及你正在参与哪些播客、电视节目和互动对话。每周尝试了解一个新的话题来了解这个世界。当其内容超出你的知识范畴和专业领域时,请保持高度的好奇心。

让思维变得活跃,听路易·施瓦茨伯格(Louie Schwartzberg)的《7分钟的感恩心声》(*7 Minutes of Gratitude Revealed*),听听音乐,换掉你常用的椅子,站着而不是坐着,边走边说——尽一切努力,把"可预见"的事情变成"可能发生"的事情。在首届创新活动"收获峰会"上,我做了一件我以前从未做过的事,而且很可能以后也不会再做了。我在演讲开始时唱了歌。幸运的是，我是和另外两个人一起唱的，但这已经是创造出人意料时刻的一部分。我自己和另外两位创新专家现身于房间的三个不同角落，随着范·莫里森（Van Morrison）的《月之舞》（*Moondance*）的伴奏音乐唱着"今天是登月计划的美好一天"。这显然出人意料。观众们在椅子上扭来转去，试图弄清楚这 30 秒的自发歌唱是怎么回事。尽管电视制作人马克·布奈特（Mark Burnett）也在那次创新活动上发表了讲话，而且我们中没人会放弃日常工作去从事歌唱事业，但这段不同寻常的插曲还是引起了人们的注意。你怎么才能在你的下一次登月计划的谈话之前创造一个出人意料的时刻呢？

竞争激励登月计划

对某些人来说，100 万美元的竞赛奖金可能显得有些过高，但考虑到你为公司创造的价值以及你能创造出的影响，这份奖金公平合理。2017 年，美国线上房地产公司紫罗（Zillow）推出了一项高达 100 万美元的奖金，奖励所有能够弄清楚如何提高其预测房屋价值的算法准确性的人。世界各地的数据科学家团队为获得这一奖项展开了竞争，从而促进了机器学习技术的发展，若是单靠一个小型内部团队是不可能掌握这些技术的。两年后，

Zillow兑现了他们的承诺，将100万美元的奖金授予了获胜团队，该团队以13%的优势击败了Zillow自己的内部团队。

2020年10月，戴蒙德·约翰（Daymond John）发起了黑人企业家日。当时，除了必要的出行之外，许多人仍然无法离开家。在我参加过的虚拟活动中，这个长达5小时的在线活动令人印象最为深刻。他让音乐家们现场直播了一场小型音乐会，少数族裔企业家在整个活动中占有重要地位。当时有一个资助竞赛，在整个活动中宣布了各个类别的获奖者。我为我的一个客户举办了一场观看派对，结果，通过虚拟介绍达成了两笔生意，这在其他情况下是永远不会发生的。

女装零售商弗朗西丝卡家发起了一个名为"弗朗大发现"（Fran Finds）的竞赛，旨在寻找新的创业者在其线下精品店和网上商店展示自己的特色服装。这是展示他们"自由地做自己"理念的一种策略，以实现他们与新供应商一起寻找和鼓励原创的目标。这为崭露头角的创业者提供了支持，使他们得以在弗朗西丝卡家的生态系统中发展业务。在最初的申请阶段之后，入围的申请者将被邀请到弗朗西丝卡家的总部参加《鲨鱼坦克》[①]（*Shark*

[①] 是美国ABC电视台的一系列发明真人秀节目，该节目是一个提供给发明创业者展示发明和获取主持嘉宾投资赞助的平台，该节目主要讲述一群怀揣梦想的青年带着他们的产品来到节目，通过说服5位强势的、腰缠万贯的富翁们给予他们启动资金，让梦想成真。——译者注

Tank)式的融资比赛，以赢得 3 个名额中的一个。他们的销售执行副总裁（EVP）维多利亚·泰勒（Victoria Taylor）向我解释说，比起《鲨鱼坦克》来说，他们将更像兔笼，因为评委们将比美国广播公司（ABC）热播节目中的"鲨鱼"更亲切、更助人为乐！维多利亚分享了更多关于该倡议背后的原因。

这有助于我们增加多元化的、女性拥有的品牌，支持那些在疫情期间创业的人。我们现在正在逐个联系这 20 个人，邀请他们参加"兔笼日"（Bunny Hutch Day）的活动，他们会参加为期两天的专题讨论会。我们将从中挑选 3 个获胜者，然后开始与他们合作。我们不仅会购买他们的产品，还将为他们提供指导——专业辅导他们如何开展市场营销，如何更好地寻找货源以及如何经营他们的业务。

作为"弗朗大发现"大赛的评委之一，我发现很明显，成功宣传的一个要素就是使用"有效沟通的言辞"。企业家们把客户置于其业务的核心位置的方式，以及他们分享他们目标金字塔的方式，使他们的产品表现出众，也使他们的故事脱颖而出。

斟酌一下，如何以完全不同的方式认真考虑你的业务。当我还是其领导团队的一员时，Xbox 的首席执行官曾对我说："瓦尔，你提出了很多雄心勃勃的、疯狂的创意，我可能并不总是喜欢它们，但不要阻止它们的出现。通常情况下，创意被接受的比例还是相当高的。"

确保你的团队里有富有创意的人，并且你正在开发他们的潜力。确保在你的团队会议上，你正在创建开放的空间来帮助你的团队思考：如果某种情况发生将会怎样？我们能做什么？我们有什么人才？我们有什么机器？我们有什么供应链、渠道或专业知识？我们该如何调整？因为这样你就可以弄清楚如何才能最好地利用公司的人才。

你的个人登月计划

在我步入职场25周年之际，正值Xbox公司的一次登月计划进行时，我萌生了一个令人惊讶的个人登月计划的想法。我在15岁时创办了自己的第一家公司，当时是汇丰银行赞助的英格兰青年企业计划创办的一项竞赛的一部分。然后我就整日忙碌于公司工作中。我突然想到，我自己的登月计划就是经营自己的企业并写一本书。在我担任评委的"弗朗大发现"大赛中，所有的决赛选手都解释了他们的自我怀疑、犹豫不决和小心谨慎，但他们还是继续前进，他们都有产品、收益、目标和梦想。那么，你是怎么考虑你自己登月计划发展的可能性的呢？

对许多人来说，找到在任何情况下都能达到预期效果的恰当词汇并不总是自然而然的或是轻而易举的。它可能会耗尽你的能量，导致你的情绪意外爆发。接下来，我们就来探讨一下，究竟如何才能学会爱自己的情绪，哪怕是那些你认为不应该爱的情绪。

第七章
如何去爱你的情绪

▶ 坦诚管理：如何营造讲真话的工作环境

> **本章主题**
>
> - 强化你的心理韧性区
> - 如何拥抱愤怒
> - 宣泄情绪，还是抱怨诉苦
> - 打开谈论情绪的大门
> - 当你说错话时
> - 十大沟通错误
> - 说出你的情绪
> - 评判你的批评主义，避免贴标签
> - 掌控并利用积极情绪
> - 做到镇定自若

如果你从未见过愤怒的首席执行官或其他高管，那其实是有很多这样的人只是你没见过。知道如何处理你自己或与你共事的人的愤怒，尤其是老板的愤怒，是在公司中生存的一项基本技能。采访那些经常在工作中大发脾气的人，以及那些不得不与他们一起工作的人，将带来一个至关重要的新层次的理解。就像2015年皮克斯动画工作室（Pixar）出品的卓越影片《头脑特工队》（*Inside Out*）一样，总有一段时间，愤怒和其他情绪会主宰一切，但你需要知道如何应对自己和他人的情绪。本章还将探讨

第七章 如何去爱你的情绪

如何反思导致你如此反应的原因,以及如何理解你的反应、阐明它,并在正确的时间和地点使用它。

"我要说清楚,我不做空洞无意义的事!"

我希望你不会因为觉得本章都是些空洞、深奥的话,没有任何意义而决定跳过本章。我保证:我不做空洞无意义的事。

对于领导者,甚至大多数成年人来说,说出并谈论积极情绪之外的情绪是一件很困难的事情。如果这类词不是你词汇表的一部分,那么你可能需要一些额外的反思时间。这就是为什么我在图 7-1 中提供了"情绪词汇圈",给你提供一些词汇来帮助你描述你正在经历的情绪。

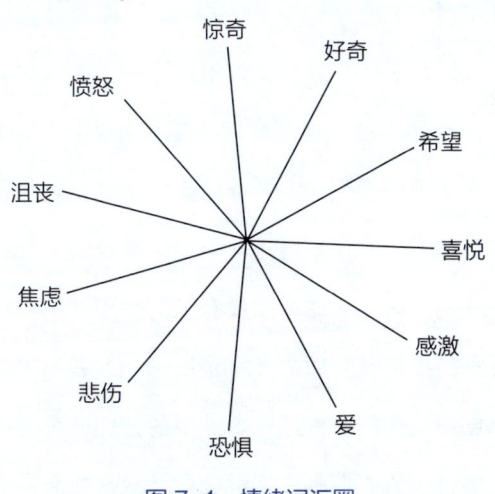

图 7-1 情绪词汇圈

当你阅读"情绪词汇圈"时，你可能会发现自己对某些情绪有反应，而你可能会被其他情绪所吸引。在本章中，我们将探讨最具爆发力的情绪，以及那些需要通过特定的有效沟通言辞来理解和管理的情绪。

强化你的心理韧性区

我出色的治疗师，苏珊·里迪（Susan Reedy）医生教会了我什么是心理韧性区。她把它画在便笺本上，但我更喜欢用肢体语言来解释它，因为我通常会站在台上讲这个故事，所以让我来解释一下。把你的双臂水平置于面前，彼此交叠在一起，现在把它们打开几英寸（1英寸约为2.54厘米），你两臂之间的缝隙就是心理韧性区。如果你想象有条波浪线在你的手臂之间从左到右移动，你的情绪会在这些区域之间很愉快地来回"跳跃"。这就是你的情绪在一天中的变化。并非所有的情绪都能保持在这个心理韧性区的范围内。一件事可能会引发一种反应，导致你的情绪波动超出心理韧性区。比如客户没有签下你预期的大单，或者你对新战略投资的提案被首席财务官拒绝了，或者有人在停车场超车。比如差点撞到你的车。这些事件中的任何一个都可能引发反应，让你觉得自己失去控制。这可能会导致你愤怒的表现，就像我们通常预想到的那样，提高声音说话、冷嘲热讽和做出夸张的手势，或者通过消极的攻击性或讽刺性评论表现愤怒。

我并非训练有素的心理学家，但我确实知道界限在哪里，也知道哪里需要该行业受过专业训练的人提供支持和咨询。但我们中的许多人只是需要一些实用的沟通技巧，来帮助他们注意何时可能会发生这种情况，以及了解一旦打破了心理韧性区，该怎样做。愤怒是工作场所中最少被探讨的情绪之一，所以我们将首先解决这个问题。

如何拥抱愤怒

最少被提及的情绪之一可能是你最应利用的情绪之一。愤怒真的十分强大。不幸的是，困境中的鸵鸟效应没给探索留下任何余地，把头埋在沙子里是毫无帮助的。相反，要试着去理解并分析是什么激怒了你，使你冲破了心理韧性区，并感到愤怒。我们大多数人在盛怒之下都听不进去建议，所以我希望下一次你能记得试试这个方法：

"愤怒的时候，要保持好奇心。"

当意外发生时，好奇心会增强。我喜欢以最出乎意料的方式，在最不寻常的地方分享想法和经验教训。我喜欢积极地激励人们以不同的方式思考。我从未想过我会建议世界各地成千上万的领导者观看皮克斯动画工作室出品的电影，但我确实这么做了。迪士尼旗下的皮克斯动画工作室推出了一部名为《头脑特工队》的电影，讲述了一个名叫莱莉（Riley）的女孩十几岁时不情愿地搬到了城市里的故事。观众通过控制她大脑的情绪的视角目睹了她的生活。我当时在我公司的杂志专栏中写下了我从这部电影中吸取的经验，结果它成了当月该杂志中阅读量最高的文章之一。

在那部电影中，情绪小人儿怒（Anger）被描述为一个身材矮小、浑身通红、大喊大叫的人，他的耳朵里经常冒出蒸汽。他让我想起了我的第一位门店经理，那时我18岁，在英国百货公司福来德（House of Fraser）做管理培训生。他是我共事过的最聪明的领导者之一，也很有爱心。他甚至对我们这些初级培训生也很关心，但他经常会冲破心理韧性区。回首往事，我可以看出导致他情绪失控的诱因是什么：我们没有照顾好客户，表现得好像不关心自己的工作，以及表现得没有为工作全力以赴。有一天下午，我的传呼机响了，我不得不给他打电话，却听到他在电话里大声喊道："瓦莱丽（Valerie，作者名瓦尔的昵称），把这个姑娘从我的店里赶出去！立刻！马上！"我没法请他解释更多细节，因为他太生气了。他生气是因为销售团队中有个人在和朋友聊天，而没有细心关注客户。当时他的3个愤怒诱因都出现了。他甚至不能跟她讲话，所以他在电话里对我抱怨并让我处理这一情况。

加州大学伯克利分校的一项研究表明，表达愤怒可以使生活和工作中的谈判更加成功。心理学家约翰·里斯金德（John Riskind）设计了一个有用的"速度计"，可以对不同程度的愤怒进行分类，并就如何处理每种程度的愤怒提供了不同的建议。就像《头脑特工队》中一样，愤怒有时是因为你想要"掌控一切"。

宣泄情绪，还是抱怨诉苦

我在工作中学到的建议对我的整个人生都有帮助，同样我在生活中学到的也有益于我的工作，这一点总是让我感到惊奇。莉萨·达莫尔（Lisa Damour）来到我女儿的学校介绍自己的精彩著作《解开秘密：引导少女通过七次转变进入成年期》（*Untangled: Guiding Teenage Girls Through the Seven Transitions into Adulthood*）（我强烈推荐此书）。在那本书中，她描述了宣泄情绪和抱怨诉苦之间的区别，让我大吃一惊。

宣泄情绪意味着你只是发发牢骚而已。你并不是在寻求忠告、建议、解决方案或意见反馈，而只是想有人倾听，或许还想得到一点同情。

抱怨诉苦意味着你在寻求建议。你希望得到帮助，思考如何处理你所分享的内容。你不需要同情，你需要的是解决方案。

如果你还没有听说过关于抱怨诉苦的这种细微差别，难道你不觉得这种见解颇有见地吗？下次有人与你分享情绪时，试着问问这个有力的问题：

"你需要有人帮忙，还是只需要宣泄一下？"

回想一下你所经历的所有有关愤怒的互动：你知道对方是在宣泄情绪还是在抱怨诉苦吗？也许你试图提供建议，但他们只是想宣泄情绪。或许他们想要诉苦和寻求解决方案，但你只是单纯地安慰了他们。

这就是你如何驾驭并利用自身愤怒的力量，或者你在他人身上感受到的愤怒的力量。这也是你整个人生的转折点。几年前，我知道了这些定义的细微差别。从那时起，通过询问我丈夫是在宣泄情绪还是抱怨诉苦，我节省了很多与他沟通的时间。有95%的时间他只是在宣泄情绪。我不敢计算我之前浪费了多少时间，也不敢计算当他只是在宣泄情绪时，我却在试图帮助他的过程中让他有多挫败！几个简单的不同的词可能有相似的含义，但却能开启无限的方式来更清晰地进行沟通。

第七章 如何去爱你的情绪

当我与管理团队一起工作时,我提到了这个关键问题,试着问问下一个表现出愤怒的人:

"你是在宣泄情绪,希望我侧耳倾听,还是在抱怨诉苦,希望得到帮助?"

让我们回到你的心理韧性区,这个区域可以扩大,也可以缩小,这取决于你当时在处理的事务。好消息是你可以通过训练让它变得更大。把你的手臂重新抬起来,重新创造出这个区域,你可以扩大它,这样你情绪的波峰就可以更高,情绪的波谷也可以更低,你就不会冲破心理韧性区。在2020年和2021年,我的主题演讲和研讨会最受欢迎的一些主题是沟通和提升跨团队合作绩效。其原因是,新冠肺炎疫情让许多人的心理韧性区缩小了——那些年他们本可以容忍的事务,突然变得更难处理了。

愤怒会把你逼出心理韧性区的极限之外。如果你跌出了心理韧性区的底线,你就会感到悲伤,保持冷静的能力会减弱,你的眼泪可能会掉下来。维克托·梅尔德鲁(Victor Meldrew)是英国电视节目《行将就木》(*One Foot in the Grave*)中的一个幽默人物。他是脾气暴躁、悲观的英国退休老人的缩影,在任何情况下都能看到不幸和痛苦。你是否正在想象你在现实生活中认识的"维克托·梅尔德鲁"?

有 3 位与我共事过的领导者，我知道，每当我们交谈时，他们都会在头几句话中提及他们遇到的困难——指出别人的错误，哀叹任何新举措都是徒劳的，或者通常缺乏希望或乐观的态度。他们的团队并不希望他们假装友善，但无情的消极态度确实让人筋疲力尽。我想知道他们是否知道，或者是否有人曾向他们指出过这一点，所以我试探性地说了一句：

"我注意到了一个规律：你注意到了你不喜欢的东西，却没注意到你做了什么。"

当我分别给这几位领导者反馈意见时，他们三人都感到非常惊讶，因为以前从来没有人对他们指出这一点。他们从《行将就木》中得到了意想之外的教育。接下来的一个星期，他们每个人都来找我，说他们已经看过了其中的一集，并能明白我为什么会有这种感觉！在许多公司中，不难发现有像维克托·梅尔德鲁这样的人的存在。大多数人都抱着积极的态度做事，目的是从错误中吸取教训和改进，而不是采取一种"糟糕透顶"的方法，即同病相怜，所以屹耳（Eeyore）[1]喜欢和其他"屹耳成员"待在一起。

---

[1] 《小熊维尼》里的动画角色，灰色小毛驴，它悲观、过于冷静、自卑、消沉。——译者注

当我给这些高管提供反馈意见后，我保持了沉默。当你进行类似这样的观察时，沉默很重要。当然，当你需要通过沉默的方式对自己所说的话进行留白时，你之后再填补空白、解释你的评论，或者再叠加多个评论，都会更容易。如果你想更详细地了解沟通时留白的力量，那么我强烈推荐你阅读《诗人 X》(*The Poet X*)。这本书是我孩子 13 岁时的阅读作业。当我把本书手稿的初稿提交给出版社后，我就想"逃离现实"，读一些非常独特的东西。当我翻阅《诗人 X》时，我被吸引住了。书面上的文字就像一种艺术品，这个故事的视觉化讲述方式令人难以置信。有一次，书中描述了一页纸上的蚂蚁。

还有 那些 文字

在 那

页面 上 看起来 就像 蚂蚁

并且 它 只是

直观地 显示 那些 文字

这种形式的诗歌被称为具象诗，其中诗歌的文字版式与文字信息本身一样重要。

当你考虑到你想用文字唤起的情绪时，考虑一下如何利用页面上的空白，以独特的方式传递你的信息。

想象一下，在电子邮件中收到这条信息：

"你在那次会议上表现得太棒了!"

仅此而已,没有解释、没有细节、没有理由、没有"但是"、没有警告、没有"也许会做得更好",只有一句简单的赞美之词。这会引发你什么样的情绪?可能是积极的情绪,消除所有的自我怀疑并增强了信心。有时,简短的语言比啰唆更重要。

打开谈论情绪的大门

如果这是一场研讨会,那么这个时间点会有大约四分之一的人站起来,去喝杯咖啡,打个电话,或者休息一下。当然,我能看出规律。在世界各地举办了数十年的活动之后,我发现活动中涉及社交互动的部分,其结果是可以预测的。我之所以知道这一点,是因为当待在观众席上时,我很可能坐立不安、不情不愿。因此,鉴于我对空洞的、毫无根据的思考容忍度很低,我将分享一个方法,我认为这种方法在开始讨论情绪的对话时是有效的。等你下一次开会,在开始时,可以说下面这句话:

"请花 1 分钟时间,写下你现在有的 3 种情绪。"

如果你得到的反应是大家都困惑不解,你可以解释说大家不用担心所使用的词语,只要写下当他们停下来思考自己在哪里时,浮现在脑海中的前 3 种情绪即可。如果他们愿意,可以写 2 种或者甚至 1 种就可以。你可能会对大家所分享的内容感到惊讶。

当你说错话时

"我希望我能收回那句话!"

你有没有想过把刚刚脱口而出的话收回去?我永远忘不了达里尔(Daryll)有一次刚说完话时的表情。在他所在公司的纽约总部的高管会议室里,有张 U 形的桌子,有 22 名观众围坐在桌子旁。我观察着这个房间里的人的反应,有人扬起了眉毛,有人慢慢闭上眼睛,还有人用手紧紧捂住自己的嘴,就好像这些话是他说出口的。后来,达里尔告诉我,当他再次开口说话时,他感觉胃里翻腾了好几次。他接下来的言行可能会导致不同的结果,要么新战略获得一致支持、得到资助;要么大家反应平平,他只能得到普通数额的奖金;要么战略受阻,需要数月或数年才能恢复元气。

本章的其余部分将为每一个经历过这种时刻的人服务,探讨什么时候言语不起作用，也探讨若是碰巧犯了下文的十大沟通错误之一，应该怎么做。

十大沟通错误

（1）消极攻击。

（2）人身攻击。

（3）提供毫无根据的观点。

（4）开莫名其妙的内部玩笑。

（5）讽刺。

（6）掩盖真相。

（7）不与他人沟通。

（8）使用公司内部流行语。

（9）敏感语境下的话题时间分配不当。

（10）过度、重复、滑稽、无休止地表达自己的观点，之后还是没完没了、喋喋不休，让人厌烦到沮丧。

在我继续解释为什么这些是如此严重的错误，以及当你遇到这些错误时该怎么做之前，请再看一遍这十大沟通错误，并注意你最讨厌的 3 个错误是哪些。

现在再查看一次，并注意哪 3 个错误在你的团队中最为普遍。

现在最后查看一次，并注意哪些错误是你最容易犯的。

你最讨厌的 3 个错误：

（1）

（2）

（3）

你的团队中最普遍存在的 3 个错误：

（1）

（2）

（3）

你最容易犯的 3 个错误：

（1）

（2）

（3）

可以在下一次团队会议开始时将其作为练习，并比较大家的笔记。这是一种很吸引人的方式，可以让我们开诚布公，并确立公司或团队的准则，让人们知晓我们在一起沟通时什么是可以接受的，什么会让人分心。

解决十大沟通错误

1. 消极攻击

间接评论某个议题或关注的问题，以迂回的方式表现出攻击性，会引发很多负面情绪。当遇到消极攻击的评论时，许多人会退缩、变得沉默或虚张声势地做出防御性的回应。可以反其道而行之，试试以下 3 种反驳方式：

"你为什么不分享你真正关心的事情呢？"
"你的话听起来很沮丧，背后的原因是什么？"
"你关心的是 A 还是 B，还是别的什么？"

2. 人身攻击

当听到关于某人的个人评论时，把手指塞进耳朵里，说"行啦行啦，我不想听到这种人身攻击！"对你来说，这样做容易吗？要阻止争吵和流言蜚语并不容易，但只有当人们不再听的时候，它们才会销声匿迹。当你听到有人对另一位同事进行人身攻击时，请使用以下 3 种回应方式之一来提出质疑，并结束这种人身攻击：

"这是你想直接与他分享的反馈意见吗？或许可以从直接的

反馈意见开始说?"

"你关心的是他个人,还是他正在做的项目?"

"这是不是太苛刻了,你真的应该告诉我们这些吗?"

3. 提供毫无根据的观点

事实和观点很容易混淆,如果你不质疑毫无根据的观点,就会造成沟通混乱。你自认为沟通的声音越大、越大胆,你就越能让听众相信你的观点是事实,而实际上恰恰相反。这里有两个重要的差异化因素。首先,如果你想分享你的观点,就把它介绍给大家,并说明你的观点是基于什么提出的:

"以下是我在此期间的发现……"

"我是根据最近的 3 个项目得出这个观点的……"

其次,如果你想对别人毫无根据的意见提出质疑,可以试着问问这些问题:

"你是怎么得出这个结论的?"

"是什么让你形成了这个观点?"

"那是基于你在这里或其他地方所观察到的情况吗?"

4. 开莫名其妙的内部玩笑

共同的经历把团队成员团结在一起，但是，在讲述美好的回忆与只有少数人能理解或能产生共鸣的团队内部笑话之间，有条微妙的界限。这种沟通错误很容易被克服：在分享有趣的回忆时，要注意你的听众，不要在公司的线上线下会议上这样做，或者跟那些不了解事情背景的人分享。如果你听到了你听不懂的内部笑话，那么为了所有不在这个团队内部的人，你只需要说：

"这听起来很有趣，我错过了什么？"

5. 讽刺

当我从英国搬到美国西雅图，在微软工作时，我在最不合时宜的时候说了些典型的英式讽刺评论，结果尝试失败，那时我才真正意识到这是我遇到的最大的文化冲击之一。对于讽刺，不同的公司和国家都有文化上的宽容度。坦率地说，我认为每个人都需要在入职期间接受培训，了解典型讽刺的精确程度。如果你对讽刺有疑问，就干脆不要使用。对我这个第一次在美国工作的英国领导者来说，说起来容易，但实际上改变习惯很难，做起来也很难！

6. 掩盖真相

若是不分享细节，隐藏真相或制造包容的假象，你的团队成员和其他同事间会出现焦虑、恐惧和挫败感。如果你怀疑其他人没有分享完整的事实，请尝试询问以下问题：

"我觉得这里可能有更多我需要了解的内容……"

"你是否有更多的背景或信息可以分享？"

"我错过了什么？"

7. 不与他人沟通

这是最具有欺骗性的沟通错误，因为得到令人难以忍受的沉默回应后，人们会对真相进行各式各样的猜想和想象，甚至无中生有地臆测，通常这些想象版本的"真相"是与现实完全脱节的，而简单的真相往往是，对方可能正处于不知所措的状态，只是没有时间或精力来回应。这会引发人们的恐惧、怀疑、沮丧，并让人觉得他们的问题或报告并不重要。

如果你一直对自己"不与他人沟通"感到内疚的话，也许可以试着把注意力集中在问题的根源上。这通常是缺乏组织或做事的优先顺序安排，甚至是害怕给出对方坏消息或者怀疑自己的判断力导致的。你可能已经知道，你需要更多的时间，或者只是需要更好地确认即将到来的工作或问题。如果感觉自己可能会出现"不与他人沟通"的情况，请考虑以下几点。

当第一次感觉可能会"不与他人沟通"时：

"收到,我可能需要几天时间,我会在……之前回复您。"

"收到,我有几件事需要优先考虑,我将在下个星期回复您。"

"感谢您的提问,我们安排下个星期通个电话吧。"

如果需要对方等待的时间比预期的时间长:

"我答应过要在……之前给您答复,但我还需要几天时间。"

"很抱歉耽搁了,您会在……之前收到我的消息。"

"我可以回答您的第一个问题,但先让我们讨论一下其他的问题……"

如果你得到了沉默的回应,下面这3种说法之一会提示对方做出回应:

"请问我什么时候能收到您的回复?"

"我很想在……之前收到您的消息,因为……"

"我很想在……之前收到您的消息,如收不到回复,我将……"

如果还是得到了沉默的回应,万不得已时,就用这句话:

"没有您的回音很不寻常,您能告诉我,您一切都还好吗?"

8. 使用公司内部流行语

最受人嘲笑、不起作用的一些词汇是公司内部的一些流行语，它们像花园里的杂草一样，在意想不到的地方冒出来。没有人想要它们，却也不可能完全清除掉它们。当你不注意的时候，它们就会成倍增长。当我在微软工作时，他们把我从英国调到了美国西雅图，有一首美国摇滚乐队四顶尖合唱团（Four Tops）的歌曲每天都萦绕在我的脑海中。每当有人要求我"伸出援手"而不是打电话或发电子邮件时，我都忍不住要在心中默默地唱起这首歌。

我还记得，在 20 世纪 90 年代当时我在英国百货公司福来德工作，第一次担任管理顾问。当时我 20 多岁，急切地试图证明自己。我参与了一个全国性的项目，该项目旨在提高英国各地 52 家百货商店每平方英尺[①]的销售额和利润。我第一次开始和一群顾问一起工作，在描述最简单的活动时，会用到大量的流行语、奇怪的口头禅和令人难以理解的引语，我对此感到震惊。

你所反感的最烦人的流行语是什么？当一切都是娱乐的时候，听到人们为了达到良好的效果而采用的最新词汇，我总是被逗乐。我最讨厌的 3 句流行语是：

- 咱们"回头说"。

---

① 1 平方英尺约为 0.09 平方米。——编者注

- 让我们"双击"这个主题。
- 你需要将这个"下线"。

你可能会疑惑公司流行语是否真的那么有害，但事实是它们只会增加误解和混淆。减少或消除这样的行话，最快的方法是使用幽默。问问你的团队成员，在你的公司里有哪些常见的流行语，他们是如何解释这些流行语的，然后决定哪些是你想保留的，哪些是你想从你的"公司词汇表"中彻底根除的。如果你感到困惑，只需简单重复一下某个流行语，然后问：

"对你来说，这意味着什么？"

9. 敏感语境下的话题时间分配不当

留意你的会议通常是如何开始的。有没有社交活动、非正式交谈、对个人新闻的关注？还是开门见山，直接谈生意？我在会议中看到的最大的情绪反应，都是对时间的使用和期望不匹配时发生的。我永远忘不了迈克尔（Michael）加入一家公司时的坎坷经历，我曾在那家公司的管理团队与他共事。每次开会时，迈克尔都会先评论体育新闻、他的周末计划，或者询问某人的宠物的情况。迈克尔没有意识到的是，与管理团队的谈话具有语境敏感性。即使在公司未能完成销售目标、出现技术故障的时候，社交闲聊也依然盛行。几星期后，我让迈克尔在每次会议开始时注意沟通模式，在他的便笺本上记下谁让谈话开始，谁谈论了业务或个人话题。直到做了这些反思，迈克尔才领会到这个管理团队的社交沟通暗示，也才注意到自己在社交谈话中表现得很反常，这引发了同事们的沮丧和愤怒，尤其是在公司业绩不佳的时候。

10. 过度、重复、滑稽、无休止地表达自己的观点，之后还是没完没了、喋喋不休，让人厌烦到沮丧

我会给出简短的建议，因为：

"如果一句话就能奏效，何必花费精力说一段话呢？"
"如果一个词就能奏效，何必花费精力说一句话呢？"
"如果沉默就能奏效，何必花费精力说一个词呢？"

说出你的情绪

当你说出你的情绪时，你会注意到它们，而不是被它们牵着鼻子走。曾经与我共事的一位高管，每当他在季度业务评估报告会上发言时，总会用拳头砸桌子，有时甚至边说话边用拳头砸

桌子。他的情绪爆发在整个会议期间让人惶惶不安，人们害怕和他一起参加业务评估报告会，紧张地揣摩着他下一次情绪爆发会在何时。他没意识到他在用这种方式表达自己的意见。在接下来的季度业务审查中，他又开始用拳头敲击桌子，但在第二次敲击后，他说：

"我对自己很失望，因为我又一次没能完成销售目标。"

这出乎所有人的意料。他接着说道：

"当我用拳头砸桌子的时候，请告诉我，因为我有时注意不到！"

他不仅停止了别人认为属于愤怒和恐吓的行为，还表现出了真诚的一面，告诉别人他不知道自己用拳头砸了桌子，而且表达了他对自己没能完成销售数量感到失望。

避免贴标签

当我们做出判断时，有时会给他人的行为贴上标签。他们太慢了，他们毫无策略，他们总是很生气，等等。

如果你发现自己很难感同身受的话，请暂时想一想那些让你非常恼火的人吧。现在重新思考你对他们的看法，尽可能地向他们展示风度。想象一个场景，他们需要的是你的同理心，而不是评判。当你评判他们时，不要去想那些你自己告诉自己的故事，不要先入为主地评判他们。

掌控并利用积极情绪

不要忘记，爱你的情绪也包括爱你的积极情绪。身为领导者，你传递希望、快乐和好奇心的能力将为你所在的公司创造出与众不同的环境。你可以运用艺术有创造性地实现这个目标。当弗朗西丝卡家成功地从上市公司转为私人股份所有制公司时，我想送它一份礼物，这份礼物象征着它经历了再融资和有限公司的一年。我突然有了个主意，想在礼物中加上凤凰元素，但这份礼物得是一份可以长久保存的礼物。在这种情况下，我亢奋、专注的大脑得到了回报，在我用谷歌搜了个遍后，终于发现了出自苏格兰凯思内斯郡（Caithness）知名水晶玻璃厂的玻璃镇纸，里面有一只华丽的凤凰微型雕塑。弗朗西丝卡家管理团队的每一位成员都收到了这样一个玻璃镇纸。在公司的全体员工会议和战略规划会议上，这个礼物成了很多人谈论的热门话题。每位领导者都谈到了弗朗西丝卡家的凤凰对他们的意义，以及当公司被出售并决定按照《美国破产法》第十一章完成重组过程时他们每个人所经历的心路历程。这只凤凰成了吉祥物，成了所有人都能团结起来的标志，它是希望的火花。在公司出售后的第一次全员会议上，首席执行官克拉克对它的定义特别有力：

这是一只浴火重生，从火焰中冉冉升起的凤凰。它真正代表了弗朗西丝卡家在过去10个月里克服了所有挑战并崛起，我想感谢大家的支持和奉献，让我们今天能够来到这里。凤凰是力量、更新、转变和激情的绝佳象征。我今天在这里是想告诉你们，等拍卖结束后，我们将以弗朗大家庭的身份继续我们的旅程。

你会采用什么样的艺术形式或标志？

做到镇定自若

当你反思对自己情绪的理解时，请使用图 7-2 对你所发现的情绪生成"快照"。

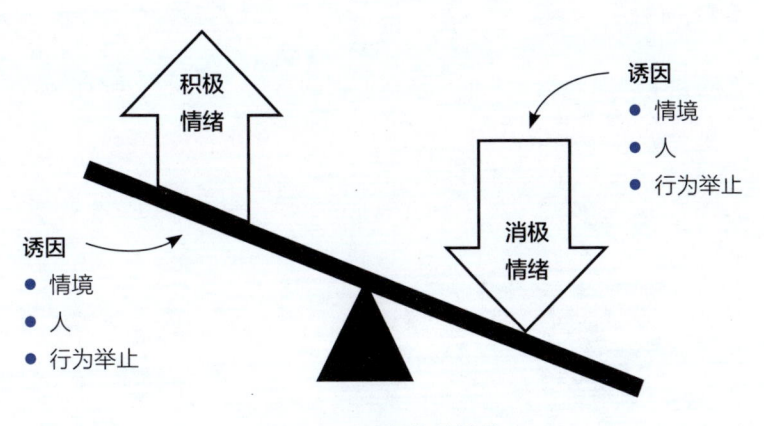

图 7-2　理解你的情绪

把图 7-2 当作一种情绪审核，审视什么能让你振作，什么能让你消沉。开发你的潜力和你尚未发现的机遇的关键在于变得镇定自若，这样别人的行为或情绪就不会让你偏离正轨。这可能会因一年中的时间、增长水平或创新水平的不同而发生变化，甚至是因为你即将召开董事会的时间的不同而有所不同，我们将在后面进行探讨。

第八章

利用董事会的力量

> 坦诚管理：如何营造讲真话的工作环境

本章主题

- 为董事会提供动力
- 与董事会建立关系的 10 个步骤
- 与董事会合作的四大挑战
- 成功案例

那些成功的首席执行官颠覆了其与董事会关系。他们积极领导董事会，而不是单纯地向董事会汇报、做出回应。成功的首席执行官知晓如何释放董事会的能力，让他们成为楷模。客户行为、营销渠道，乃至整个行业都可能在一夜之间发生变化。挑战在于确定你的董事会是否成功。结果本身并不能说明全部问题，事实上，结果可能会掩盖某些阻碍公司发展的真正问题。本章探讨了向董事会提出的关键问题、评估董事会的工具，以及从成功的首席执行官及其所在公司的董事会处吸取的经验教训。

为董事会提供动力

想象一下，有个由顾问组成的内部圈子，他们与你在技能上相辅相成，你的成功能给他们带来既得利益，他们能为你带来难以置信的商业机会网络。这就是强大的董事会的力量。身为首席执行官，你很容易觉得要屈从于董事会。事实上，应该让董事会有效地为你"工作"，支持你并发展业务。

董事会须按照以下步骤顺序在 6 个关键领域进行激励。

第一步：明确退出计划

公司是准备进行首次公开募股，还是要实现长期增长，不同的决定会导致董事会的行动大相径庭。如果只有部分董事会成员知道最终的退出计划，那么你的战略会徒劳无功，你的投资会被浪费，因为你的产品、扩张和收购计划的速度和顺序会有很大的不同。公共董事会与私人董事会的动态显然差异很大，但它们的意图和重要性大体相同。不对所有董事会成员明确退出计划的后果可能会对公共董事会产生更广泛的影响。无论所有权状况如何，整个董事会都必须能够始终一致地说：

"这是我们的退出计划和预期的时间窗口。"

第二步：调整战略

首席执行官和董事会之间往往存在良性的紧张关系，这是因为他们对战略制定和实施的参与程度不同。当我和那些拥有众多参与者的董事会合作的时候，他们会对如何设定战略方向以及如何实现目标有着独特的见解。当你参加董事会会议时，评估一下董事会在战术和战略上花费的时间。时间范围是什么？接下来的6个月还是未来3年？你可能需要提醒大家：

"让我们从战术上提升一下。我真的想听听你们对……的建议。"

> **解构有效沟通的言辞**
>
> 　　当你读到我建议你对董事会说的那些话时，你有没有心生退缩之意？每当我向领导者提出这个建议时，大约50%的领导者都会把脸皱成一团，然后问我是不是真的这样想。
>
> 　　我在这里提出的是核心。这是向别人展示不同主题的一种方式，把重点放在与他们的职位更有相关性的地方，同时让他们远离你的业务细节。
>
> 　　请注意，说"让我们不要拘泥于细节……"本来应该很容易，但该短语中有两个潜在的否定词。如果你用积极的态度来传递你的反馈意见，那么接收者就会更容易接受并同意。

第三步：引入创意加速器

你希望董事会成员在每一次战略对话中都带着"创意加速

器"。这里有一个测试，能为你的下一次董事会创建一个评分机制。在笔记本左手页的左半面里列出所有的董事会成员。现在，每当有董事会成员提出建议或提供见解时，请在他们的名字旁边打上钩，并记下建议内容。在我帮助许多首席执行官准备董事会报告时，我曾向他们提出过这个建议。他们带着十分精彩的见解归来，但没有意识到一些董事会成员提出了多少创意和"加速点"，而这些创意和"加速点"在团队讨论中被忽略了。我对首席执行官对这些能让业务增长的贡献保持沉默感到震惊。不管这位首席执行官是刚刚走马上任，渴望取悦董事会并急于在董事会面前表现，还是经验丰富的老手，能够做到回顾历史、进行比较，他们的心态都会因此发生转变。

第四步：人才连接器

下面是一个可以向你的董事会成员提问的很好的问题：

"你在××领域认识谁？"

我当时正在指导一位首席执行官，他将面试一名潜在的董事会成员，于是我给了他这个建议。他先分享了公司的五年战略，然后他问了面试者3个版本的"你在××领域认识谁"的问题，以测试她在董事会中能有多强的人才联系能力。这个问题还测试了董事会成员人际关系网的高度。任何人的人际关系网都很容易失去人脉、停滞不前，并被设定在错误的资历级别上。有影响力的董事会成员需要与首席执行官保持密切关系，向首席执行官、董事会成员或投资者层面汇报工作。我总是说，利用猎头公司来招聘高管说明该公司的首席执行官和董事会正面临以下两大挑战之一：要么是缺乏人脉，要么是声名不显。否则，通过网络中的推荐和自发的外联，公司就获得大量潜在高官候选人。

第五步：寻找能提升公司声誉的人

那些西装革履的人提着公文包去参加董事会会议，他们手里拿着文件和会议记录。这种工作日中的场景可能会让我回想起几十年前在伦敦，我第一次参加董事会时的情景。但有时当我与董事会成员见面时，确实觉得有些人可能卡在了历史的时间轴上。如今，创始人、首席执行官和投资者都倾向于在网络上建立虚拟形象和声誉，就是你如何讲述自己的故事，如何强化自己的信息，如何接触到新的受众，并利用你的平台来扩大公司存在的理由和提升公司的声誉。然而，当我上网搜索许多董事会成员时，却找不到他们：他们在社交网络上并不存在，有些人盲目地乐于做默默无闻的人，但这在今天似乎行不通。

以阿兰·汉密尔顿（Arlan Hamilton）为例。她为那些没有发言权的人发声，为她所投资的公司和她所在的董事会提升声誉。她写了一本非常棒的畅销书《低谷时刻：如何把被低估变成你最大的优势》（*It's about Damn Time: How to Turn being*

Underestimated into Your Greatest Advantage），这对她很有帮助。汉密尔顿已经向100家公司投资了500万美元，主要投资于女性、有色人种创始人等。她的故事令人兴奋：她本在旧金山机场流浪，后来成功打入了硅谷的白人男孩风险投资俱乐部。最近，她为英国牛津大学的非裔和加勒比裔的黑人学生设立了奖学金。如今，《鲨鱼坦克》栏目的投资人马克·库班（Mark Cuban）是她的导师之一，她还在继续扩大自己的影响力。她是善源娃娃（Healthy Roots Dolls）公司的第一个投资者，这是一家设计多元文化儿童玩具的公司。汉密尔顿还发起了一个众筹风险投资基金，专门为那些没什么名气的创业者筹集资金，在发起后24小时内就筹集了310多万美元，这非常吸引我，我自己也投资了这只基金。这个案例是否为提升声誉者加入你的董事会后能做的事情设定了基准？

我最喜欢的一句汉密尔顿的名言是这句，它适用于每位董事会成员：

"做你自己，这样寻找你的人就能找到你。"

第六步：明确管理纪律

也许，董事会最不需要激励的领域就是管理纪律。然而，这是一个至关重要的领域。私人董事会和创始人之间的关系一直处于紧张状态。风险投资公司标杆资本公司（Benchmark）的比尔·柯尔利（Bill Gurley）告诉《华尔街日报》记者，硅谷是一个竞争激烈的风险投资市场，以至于"太多人"担心"他们是否与创始人有非常密切的关系"。

图8-1"为董事会提供动力"展示了让公司拥有强大董事会的6个步骤。此图的核心是首席执行官，董事会紧密围绕在其周围，首席执行官的行为和积极参与带来了动力和激情，产生了值得效仿的结果。

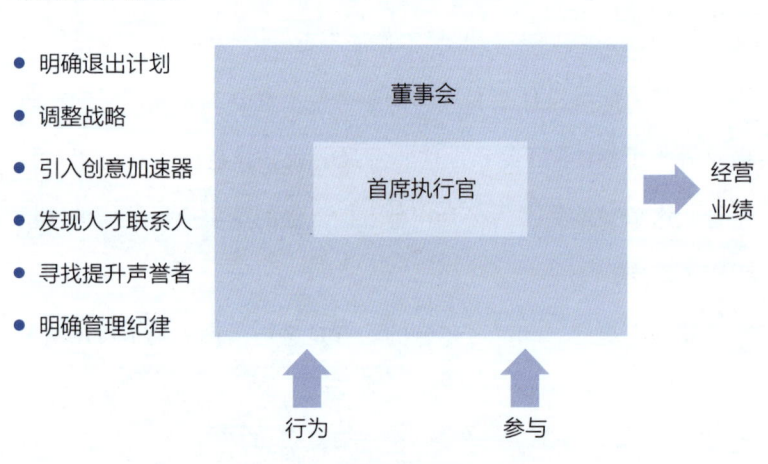

- 明确退出计划
- 调整战略
- 引入创意加速器
- 发现人才联系人
- 寻找提升声誉者
- 明确管理纪律

董事会

首席执行官

→ 经营业绩

↑ 行为　　↑ 参与

图8-1　为董事会提供动力

商务智能公司分析贤士（Wanted Analytics）的董事长蒂姆·巴斯克维尔（Tim Baskerville）有意任命梅雷迪思·阿姆杜尔（Meredith Amdur）成为该公司的董事会成员。5年后，当阿姆杜尔被任命为首席执行官时，巴斯克维尔进一步证明自己做出了一个正确的决定。他知道,他需要一个长期的继任者来接替现任的首席执行官。拥有在美国卫星电视捷视(Direct TV)、微软、美国文化娱乐杂志《视相》(Variety)和德勤公司任职过的背景,高管阿姆杜尔是个很好的人选。5年后,在阿姆杜尔全身心投入公司业务并在公司的战略规划过程中发挥了积极作用后,巴斯克维尔的选择被进一步证明是正确的。在那3个月后,贤士的股价上涨了37%,1年以后,阿姆杜尔以惊人的高溢价将公司成功出售给了美国咨询公司高德纳(Gartner)旗下的商业调研与分析公司塞博(CEB)。

我们能以阿姆杜尔作为范例,说明为董事会提供动力所需的行为。在我们的共同努力下,阿姆杜尔为她从董事会成员到首席执行官的过渡做好了准备,制订了完美的启动计划,还对外部投资者和媒体关系给予了支持,她创造了新的收入来源,留住了关键人才。你可以按照以下这10个步骤快速建立你与董事会的关系,但在你开始确认自己的成功之前,别忘了要留意四大挑战。

与董事会建立关系的 10 个步骤

(1)反思和评估你的董事会。
(2)仔细研究你的人际关系网。
(3)让董事会成为你卓越的提供建议的核心团体。

（4）确定哪些一对一的关系需要投资。

（5）了解每位董事会成员的价值、专业知识和影响力。

（6）就董事会参与的方式和地点达成协议。

（7）在沟通中分享你的意图和想法。

（8）在接下来的3个月里，专注于3件你会改进的事情。

（9）找一个能观察你并致力于实现明确目标的顾问。

（10）加入相关董事协会以促进你的自身发展。

与董事会合作的四大挑战

（1）给予首席执行官领导的自由。

（2）是做"从一个季度到下一个季度的积极参与者，还是观察者"。

（3）创始人领导的公司中的权力平衡。

（4）解决互动时偶发的冲突。

成功案例

"董事会刚刚同意了我所有的要求，瓦尔！同意了我的三年

第八章　利用董事会的力量

战略、我的技术投资方案、我的市场营销战略，以及我需要聘用和解聘的人。"

在一位首席执行官执掌一家纳斯达克上市公司的第 42 天，他打电话对我说了这番话。在我们一起工作的过程中，他的准备工作做得非常细致。他制订了创新的战略和大胆的财务计划，但关键的准备工作体现在他策划的讲稿中。在与每个董事会成员的提前通话中以及在实际的董事会会议上，他使用了精心设计的精确的措辞，就像编排戏剧表演一样。结果如何？在极短的时间内，董事会做出了决策，批准了投资、赞成了战略实施、认可了管理举措，董事会对他的能力越来越有信心，并给予了他更多的未来决策自由。一个月后，他报告了自己担任首席执行官后的第一个季度收益，股票价格上涨了一倍多！

下一章将探讨你的董事会怎样在公司的外部声誉方面发挥关键作用，同时有意识地关注你的投资者和媒体的互动。

第九章

把外部沟通转化为你的优势

> 坦诚管理：如何营造讲真话的工作环境

本章主题

- 首席执行官的沟通困境
- 对外沟通的认识误区与现实
- 卓越的高管沟通
- 来自电视节目的沟通经验

管理好你在投资机构或组织内的关系以及与媒体之间的关系，应该是每一年的优先事项。这不仅是为了参加相关会议，也是为了当你需要筹集资金、推出新产品或宣布收购时得到相应帮助。这需要与你的内部沟通同步进行。本章为管理者在登上外部舞台之前提供了所需的灵感。你将了解正确的准备工作、相关问题和内幕消息，使你的媒体采访、财报电话会议、投资者会议和筹款活动得以顺利进行。

🔊 首席执行官的沟通困境

在与投资者和媒体进行沟通时，首席执行官有两种极端：一种喜欢沟通，另一种则不惜一切代价避免沟通。

第九章 把外部沟通转化为你的优势

想象一下,桌子上有一堆卡片。每张卡片上面都有一个主题,可能与你业务的任何方面有关。你现在必须从这堆卡片中选出一张,然后立即谈论这个话题,持续5分钟,中间不停。让我们停下来考虑一下,你对此有何感想?

你可能会有以下反应:"放马过来吧!"或"嗯,如果我必须这样做的话,那好吧。",甚至"这听起来很糟糕,我需要做更多的准备!"在给出答案之前,你可能还会有更多的问题,想知道受众中会有什么人,这是公司内部的沟通还是与外界的沟通,受众的规模是一小群人还是整个公司或外部人士,甚至是你在过去十年里认识的一小部分其他公司的首席执行官。

当我开始与高管合作研究如何提高他们的沟通影响力时,我会介绍这个游戏,因为这有助于我了解他们在哪些方面具有优势和自信,以及在哪些方面还尚未掌握相关专业知识。

虽然你不太可能玩随机话题卡的游戏,但它确实有助于你让自己置身于特定的沟通场景中,并考虑在这些场景中你最不喜欢的是什么。首先,让我们考虑一下所有可能的情况,在这些情况下,你必须以首席执行官的身份站在台上。

你可以使用图9-1"高管沟通评测"来反省一下作为代表公司的首席执行官或其他高管,你受到关注的最常见的场景。对于7项内部沟通事件和8项外部沟通事件,请在图上逐项评定你喜爱做这些事情的程度,并与试图回避这些事情的程度相对比——

在评测时要讲真话。

	喜爱	回避
内部	撰写公司的最新报道	
	撰写商业委员会报告	
	创建可视化平台演示文稿	
	全公司会议	
	自由问答会议	
	小组讨论	
	一对一沟通	
外部	一对一沟通	
	投资者工作日	
	会议小组	
	炉边谈话会议	
	会议主题	
	电视采访	
	出版物采访	
	播客采访	

图 9-1 高管沟通评测

当你比较前 7 项和后 8 项时,你看到了什么?我经常发现,与外部沟通相比,首席执行官和其他高管会觉得内部沟通要自在得多。如果你有不喜欢的、想回避的内部沟通领域,请回到第四章,学习加强内部沟通的诀窍和方法。接下来,我们将进一步深入探讨如何学习与外部沟通。

🔊 对外沟通的认识误区与现实

不要因为你所在的公司是一家私人公司，因为你的老板不想在媒体上露面，因为你不够雄心勃勃，所以认为你们不需要出现在媒体和会议上，就不重视本章，把外部沟通当作是你不需要做的事情。在这个话题上，让我们听听与我们想法相反的人的意见，并消除一些与外界沟通的认识误区。

认识误区一：只有那些"狂妄自大"的首席执行官才会在媒体上花时间

不管看起来是什么情况，如果你看知名财经频道的商业新闻节目，会发现并非所有出现在媒体上的首席执行官都在寻求关注和渴望公关活动。恰恰相反，那些出现在媒体上的人已经计划好了在何时何地，向哪些受众传递他们的信息。这其中最大的秘诀之一是，你自己的员工可以在媒体上看到他们的领导者和公司代表在会议上接受采访和介绍公司，这增加了他们对领导者和公司的信心，并让他们能够听到来自外部的关键信息。

"与外界沟通是影响员工的最快方式之一。"

认识误区二：只有上市公司才需要与外界沟通

虽然公司的关键信息受季度收益周期影响，但与市场对你经营业绩的反应相比，你有更多的机会与投资者和媒体沟通去改变他们的反应。最容易被忽视的一点是你吸引关键人才到你所在的公司工作的能力。如果应聘者必须在两个条件均等的工作机会中做出选择，但有一家公司以采访、视频和媒体报道作为重要证据，证明了其成功，那么大多数应聘者会选择这家外部认可度更高的公司。此时，招聘的权力天平掌握在应聘者手中。与过去相比，公司现在更需要创造自己在虚拟平台上的声誉和成功的证据。

认识误区三：要出现在新闻当中，你必须要有轰动性大新闻

并非所有的新闻都必须是引人关注的大新闻。投资者、媒体和社区都希望听到与他们相关的真实故事，无论是你所在的公司支持当地慈善事业这种让人感觉美好的故事，还是以员工为中心的成功故事，又或是你正在改变产品使用方向和服务的事例。所有这些都值得成为新闻，并成为你的投资者和媒体关注的焦点。

认识误区四：投资者只想私下沟通

我曾看到，即使是最谨慎、最不受外界影响的一些投资者，也乐于见到自己投资的公司受到外部媒体的关注。关键是要有意

识地选择你的媒体和故事,并确保你所分享的信息与你的投资者此时此刻希望外界了解的信息保持同步。人们很容易过早地将成功的信息传播出去,或者公开透露新的战略方向,这可能会向竞争对手无意中露出底牌,因此准备工作至关重要,但这并不意味着不与别人沟通是唯一的选择。

认识误区五:吸引媒体和投资者持续关注很难

虽然吸引媒体和投资者持续关注需要投入时间,但这方面的投资回报是显而易见的。你能否接触到新的战略合作伙伴、供应商或未来的投资者,都取决于你如何向外界讲述你公司的故事。要想避免进入耗费时间的与外界沟通的"黑洞",诀窍是拥有正确的沟通和公关专业知识。

现在,我们已经消除了这些认识误区,你也知道了你喜欢和会回避哪些沟通元素,让我们来看看首席执行官们喜欢或回避与外部沟通的原因以及你可以做些什么。

卓越的高管沟通

还记得你上次接受的媒体采访吗?当镜头转向你,你开始讲话时,你感觉如何?你是否觉得自己掌控自如,对自己的台词满怀信心，并为能分享你的信息而兴奋不已？又或者，你当时正忙于在接连不断的会议之间奔波，没有时间厘清思绪，也没有时间认真看你的讲稿？你是否曾觉得自己像个"发言机器"，滔滔不绝地讲的时候却无法理解别人为你写的那些话，你想知道自己接下来到底会说什么？

卓越的高管沟通有3个关键要素，这些要素的影响如图9-2所示。

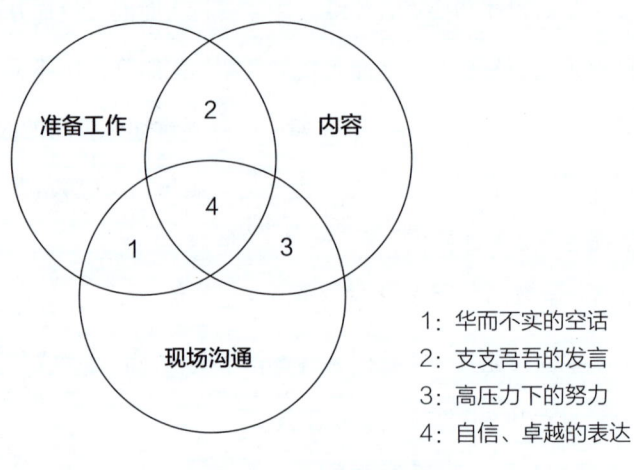

图中标注：
准备工作　2　内容
1　4　3
现场沟通

1：华而不实的空话
2：支支吾吾的发言
3：高压力下的努力
4：自信、卓越的表达

图 9-2　卓越的高管沟通

（1）准备工作：准备工作需要以你觉得自在的速度进行。有些首席执行官喜欢写下自己的谈话要点或讲稿，然后让别人来编辑和润色。另一些人则更喜欢口头陈述，把讲话内容录下来，再让他们的沟通专家来精心制作相关文稿。还有一些人仍然更喜欢拿到完整的讲稿，然后再进行小的改动。只要是有意为之，这些方法中的任何一种都可以发挥作用。你的准备工作做得如何取决于你对沟通团队的信心，以及他们"获取"你和你所在的公司发言权的能力。这需要运用技巧和能力，来精心打造你所在的公司的独特视角，同时也能让首席执行官的声音贯穿始终。请参阅本书第四章和第五章，了解你的个人目标和你所在的公司的目标。准备工作中最关键的部分之一是活动之前在日程表中留出足够的时间，以便进行编辑和修改。

（2）内容：你的内容需要切题并且真实，要与你的受众和他们所关心的东西有联系。无论是第一次会见投资者、记者，还是会议组织者，了解他们通常想知道的内容至关重要。以下几点可以指导你的内容创作：

- 受众：你的目标受众是谁，他们关心什么？什么趋势、问题、主题现在与他们有关？

- 个人经历：了解他们的背景和经历，你们可能有共同的联系或经历。

- 背景调查：你知道谁可能认识他们，那些认识他们的人可以分享他们的什么背景或历史？

- 公司内的人际关系：在你所在的公司里，他们现在认识谁？过去认识谁？

- 潜在的角度和问题：了解他们近期接受采访的主题、博客文章、社交媒体上的帖子、参加的活动。
- 采访内容要求：要求涵盖的主题或问题，采访或事件的主题和角度。

（3）现场沟通：在此，你可以通过注意以下几点来让自己的现场沟通能力得到充分发挥：

- 表达能力：你对线上或线下对话的掌控程度，你用尽可能少的话语简明扼要地传达信息的能力。请记住：

"啰唆不会收到感谢。"

- 吸引受众：无论是当面一对一沟通、以书面形式沟通，还是在现场观众面前发言，你的能力都会让听你说话的人着迷。吸引听众，让听众感觉好，以强有力的方式传播你的信息。词汇的大量使用，会激发新的想法和创意，有效使用沉默、节奏和发音，会帮助每位听众在你说完后很长一段时间内都记得你和你所在的公司。
- 产生共鸣：所有与投资者、媒体或内部人员的互动，都是将优秀者与卓越者区分出来的依据。任何人都可以按精心准备的讲稿练习和发表演讲，但当涉及自由流畅的互动时，这正是你可以建立令人难以置信的融洽关系的时候。练习即兴发言能提升你的对外沟通能力，就像硬拉[①]（deadlift）可以让肌肉更强健一样。有了正确的技巧和训练，这是可能实现的，尽管你现在可能认为这无法实现。

现在，你可以根据图9-2中"卓越的高管沟通"（参见第178页）中的3个要素来评估自己。如果你有尚未掌握好的要素，就可能会出现以下情况：

（1）华而不实的空话。你是否曾经耐着性子熬完采访或谈话，一直想知道别人到底告诉了你什么？虽然某人准备充分，现场表达无懈可击，但内容本身却不够有力或令人难忘时，这种情况就会发生。在每次沟通之前，你需要问自己这样一个问题：

"我想让我的受众记住哪3条信息？"

（2）支支吾吾的发言：如果你曾经为不能很好地表达自己想法的演讲者感到难堪的话，这就是尽管准备充分、内容丰富但现场沟通有缺陷时会发生的情况。这将让现场沟通无法起到应有的效果，因为每个人都专注于风格和语言上的失误，而无法思考演

[①] 硬拉：一种负重训练。——译者注

讲的主题思想。我经常出席高管会议，在会议中频繁目睹这种情况发生。会议组织者有种错误的假设，认为如果他们查看了演讲者的主题摘要和描述，那么他们就已经完成了自己的工作，为听众准备好了一场精彩的活动。有能力在恰当的思想高度向受众发表演讲并提供适当的互动，是卓越的高管的与众不同之处。向已经演讲成功的首席执行官或其他高管索要样片来进行模仿，或者就他们的主题进行一次枯燥的排练，这可能会显得有些尴尬，但这总比因为自己讲得不好，导致数百名听众失望要好得多。当你向其他人索要对外沟通的样例时，你可以简单地问：

"请问可以让我们像观众一样看一看你的对外演讲稿或视频吗？"

（3）高压力下的努力：就我个人而言，在我与首席执行官的合作中，这是我最常遇到的情况。内容丰富，而且通常现场沟通流畅，但因为缺乏深思熟虑的有组织的准备，就会产生高压力时刻，其实这是不必要和可以避免的。这是因为他们这些首席执行官的助理缺乏日程规划能力，或者他们没有足够强大的沟通专家来帮助他们做准备。或者对于外部媒体来说，忙碌的公关公司没有优先考虑他们的表现效果。

在各个层面上，你都可以遵循"3个30原则"有意识地进行

沟通。如果你遵循这"3 个 30 原则",你就能在活动开始之前,冷静地把你想要传达的信息传递出去:

- 提前 30 天:清楚目的、受众、主题和信息。
- 提前 30 小时:确认细节、组织工作和讲稿。
- 提前 30 分钟:有空闲的安静的时间来准备。

所有这些缺漏都是可以弥补的,现在你可以确定你可以关注哪一个、两个或三个领域,来提高你的外部沟通能力。

现在你已经确定了你想要改进的领域,并且已经评估了哪些外界沟通机制是你应该停止回避,并想要学习你想学的。这里还有 3 种方法来提升你的外部沟通能力。

记者

记者们想得到内幕消息。有一种误解是,当记者采访首席执行官时,他们寻找的是"逮住你做坏事了"的时刻。其实,大多数记者都想让观众有机会了解高管和他们的公司,而不是在电视直播中羞辱他们,或者进行措辞严厉的报道。

准备工作至关重要,但被采访者放松、自然的状态(有些是有意为之)是记者们最喜欢的状态。公关公司玫瑰集团(The Rose Group)的创始人埃拉娜·罗丝(Elana Rose)分享了以下建议:

记者们喜欢听到真实事件、个人逸事，这让他们觉得自己学到了新的东西。他们会觉得你很真诚，也会了解到成为一家公司的首席执行官是什么感觉。

当然，这种放松、自然的表现并不是即兴发挥的，而是计划好的，但它是你个人的。这就是你帮助记者写出独一无二的故事的方式。你的故事就像一本引人入胜的书一样，书中的人物让读者着迷，因为读者与他们之间有了联系。

高管社交成功评分卡

不管你对社交媒体是爱还是恨，对于希望公司快速发展的首席执行官和其他高管来说，在社交媒体上匿名已经不再是他们的选择。我不会告诉你，你需要开一个博客，每天在你平时不常去的社交媒体上发布帖子，但你确实需要有意识地回顾你所在的公司的数字足迹和你个人的数字足迹，因为这可以增强你的沟通效果。表9-1所示的"高管社交媒体运用评分卡"可以让你快速评估你对社交媒体这个传声筒的使用情况，使你个人和公司受益。你可以使用这个工具来评估你的战略是如何形成的，你是否有适当的资源，你的数字足迹的最新情况如何，你与相关社交媒体渠道的联系有多紧密，你的内容的一致性如何，你如何庆祝你的成

第九章　把外部沟通转化为你的优势

表 9-1　高管社交媒体运用评分卡

人员	你	你的同事	你的团队成员	……	……	……
1. 有针对性的外部媒体和到位的沟通策略						
2. 内容创建、推广和发布的专家资源到位						
3. 在线数字足迹是最新的和相关的						
4. 连接到公司、行业和客户的社交媒体账户						
5. 预定和自发的相关内容共享						
6. 根据投资者、行业组织、客户和员工发布的内容进行即时互动						
7. 庆祝投资者、员工、同事、客户和合作伙伴的成功						
8. 叙述你的日常工作、经历、虚拟旅行[①]						
9. 与同事一起积极参加相关的数字社区						
10. 确定并接收你可以分享专业知识的渠道						
评论：						

对以上 10 个方面进行评估

- 是同事的行为榜样
- 没有完全或始终这样做
- 还没做过

① 指通过一系列照片或视频模拟一些地方。——编者注

功以及你在建立人际关系方面有多积极主动。你可以为你自己、你的同事、你的管理团队中的个人完成这个评分卡，这些人都应该与媒体、投资者和新闻界进行强有力的外部沟通。

来自电视节目的沟通经验

"别这么说，试试那么说……"

这是我对那些首席执行官常说的一句话。有时你需要听听别的首席执行官和其他高管是如何谈论他们的业务的。我推荐观看以下三个电视节目，因为你可以看到各种各样的企业老板和高管谈论他们的公司，他们的成功程度各不相同。在重要的投资者会议或融资回合之前，我经常会将这些节目的片段发给高管，然后讨论他们看到的有效和无效的内容，以及他们该如何调整自己的经历讲述方式和宣传方式，使之变得更具影响力。下面列出了一些电视节目，你可以从中学到很棒的经验。

《财经论坛》(Squawk Box) 和《美国午间财经》(Power Lunch)

这些美国全国广播公司财经频道（CNBC）的节目，可以成为你视频观看内容的一部分。在短短的几分钟内,首席执行官们会讲述他们的故事。观察他们如何回答问题,如何谈论他们的业务,以及他们被问及财务状况和业务战略问题时的回答。

《利润》(The Profit)

连续创业者马库斯·莱蒙尼斯(Marcus Lemonis)会决定投资哪些处于危机中的美国企业,然后帮助它们扭亏为盈。当然,为了使节目更具娱乐性,总会有一些戏剧性的场面,但可以看看创始人如何有效地讲述他们的故事,分享他们的目标,并且直面阻碍他们前进的因素。莱蒙尼斯能够切中许多问题的要害。有些创始人可以接受他的直接方法和质疑,而另一些则难以接受。他经常会讲一些关于损益、成本和财务的快速课程,并观察这些问题能得到怎样的回答。

《鲨鱼坦克》

这是美国版的"《龙穴》(Dragons' Den)[1]"。当我在美国全国广播公司财经频道标志性会议上为该频道演讲时,遇到了《鲨鱼

---

[1] 英国商业投资真人秀节目,由5位坐拥千万英镑资产的企业家担任评委。每一集都有来自不同行业的企业家向他们推荐自己的发明或是商业计划,5位评委则运用他们敏锐的投资眼光来判断商机,如果计划可行,评委则以投资人身份入股。——译者注

坦克》中的两位投资者，戴蒙·约翰（Damon John）和"神奇先生"凯文·奥利里（Kevin O'Leary）——我是这个节目的忠实粉丝！他们在现实生活中和在节目中一样有很大的魅力。如果你能战胜自负，就观察一下这些创业者如何宣传他们的想法以及他们如何谈论公司财务状况的好坏吧。使公司扭亏为盈的交易能否成功，取决于他们能否在沟通中简明扼要地阐明自己的目的和盈利情况。

对于你的团队来说，这是个很好的练习：让他们观看这些节目，然后汇报他们从这些高管和企业家身上学到了什么沟通经验。

让人爱恨交加的视频回顾

我几乎没听人说过他们喜欢看视频里的自己，然而，我仍然不断向与我合作的客户推荐这样做。为什么呢？因为它确实有帮助，会帮你脱颖而出。最近，我向猎头公司柯克·帕尔默公司（Kirk Palmer）的董事总经理贾米·马歇尔（Jaimee Marshall）提出建议，与弗朗西丝卡家的首席执行官克拉克进行一次视频对话，因为这家猎头公司为大量的高管招聘提供帮助，了解公司的发展计划、期望以及他们将加入的团队的精髓所在。当马歇尔和克拉克看到采访的第一次录像时，我建议他们回顾同一段录像。

通过视频进行自我回顾，是我非常喜欢的一个提升沟通能力

第九章 把外部沟通转化为你的优势

的方法。这听起来有点奇怪，但它确实很管用。当你有一个自己的视频要看时，你需要"看"2次。首先，把你的电脑转个方向，这样你就看不到自己了，只是侧耳倾听。注意你实际说的话以及你传达信息的方式。记下你听到的内容——你喜欢什么，你可能想改变什么。然后，重新播放你的视频，但将你的声音静音，只看画面，注意你在画面中的样子：你是如何移动的，你的面部表情如何，你如何使用你的手势；如果你在舞台上，你是怎样在舞台上移动的？如果你真的想找点乐子，你可以切换到双倍速播放，在短时间内观看你的整个身体活动，这确实有助于你解构你沟通的各种方式。把视频发给你的职业导师、战略顾问或职业教练。如果我没有和高管客户在同一个房间接受美国全国广播公司财经频道的采访，或参加他们的首席执行官会议谈话，或参加他们的全体员工公司会议，这就会是我向他们提供反馈的最有力的方式之一，因为我们可以使用观看视频作为一种方式来解构他们所使用的言辞，以及其他增强或减弱这些言辞力度的东西，看看这些言辞能否很好地实现其意图。

现在你已经评估了你与外界沟通的各个方面，并且可以看到你在哪些方面有改进的机会。让我们暂停一下，回顾一下在你刚担任高管的时候，哪些言辞需要发挥作用。

189

第十章

高管如何面对履新就职

> 坦诚管理：如何营造讲真话的工作环境

本章主题

- 在你接手新职位时，言辞很重要
- 第一个月的十大有效沟通言辞
- 第一个季度的六大有效沟通言辞
- 第一年的五大有效沟通言辞

据调查在新公司中获得成功的有效沟通言辞是一个受欢迎的谈论主题。在本章中，你将听到我在过去所经历的最卓越和最糟糕的高管履新就职过程中的秘密和困境。

在你接手新职位时，言辞很重要

为什么亚马逊能够重新定义商品的销售方式——包括销售廉价袜子和书籍以及名牌包、鞋子和服装？一些首席执行官是如何带着他们的公司度过股票快速增长的阶段，并为收购或首次公开募股做好准备的？这些事例有什么共同点？很多这些公司都必须聘用新的高管，让他们适应新环境。这关系到能不能很好地让他们适应新团队，并在他们加入后留住他们3个月左右、6个月左右,甚至许多年。也许你不是在考虑换工作,而是在为你的团队招聘。如果是这样的话,你能对新员工发表的极其有价值的声明是这样的:

"让我们为你在这里第一年的工作做好准备。"

卓越的高管都是这样做的。不幸的是,虽然一些介绍在一定期限内自我提升方法的职场励志书可能会提供一些短暂的宽慰,但它们会制造一种虚假的安全感,它们看似为你在新职位中取得成功提供了快速解决方法,事实却是,你需要从第 1 天开始就关注第 365 天。

完全融入新的公司并取得成功需要 1 年,有时甚至需要 2 年的时间,但大多数公司只关注前 2 周或前 90 天的情况,然后就让领导者、执行者和员工自己去解决问题。通过阅读本章,你将了解到第一个月、第一个季度和第一年的完美履新就职表现会是什么样子的。这将使你了解到你需要对你的时间和精力进行什么样的有意识的关注和规划,以便为你的成功做好准备。让我们从第一个月可以使用的十大有效沟通言辞开始。

第一个月的十大有效沟通言辞

1."以下就是我计划如何使用我的时间、精力和资源的方式。"

卓越的领导者会有意识地利用他们的时间、精力和资源。你可以利用你新入职一家公司作为一个机会,重新设定你的工作方式和生活方式。你有 7 天的时间来为你想要的工作时间、家庭时间和空闲时间设定界限,7 天后,你的新日程安排就会逐渐占据每一个可用的空隙,挤占空间,让你忙于其他的事情。充分利用刚上任新岗位时的空白时间这个礼物吧,这持续不了太久。

2."让我们分享共同的期望。"

是时候去验证你在面试过程中所讨论的战略重点、短期计划、财务预期和当前限制了。了解外部环境、市场状况和竞争情况,了解决策是如何制定的以及什么是有价值和有回报的。

3."你喜欢如何沟通、如何表达不同意见、如何做决定?"

如果新近聘用的领导者与他们的老板建立了开放、信任的关系,就能更快地实现经营业绩,并且采取大胆的行动来提高业务水平。不幸的是，许多人跳过了"你喜欢怎样工作？"的对话，直到发生冲突或误解。主动询问你的老板什么能让他们开心以及什么会让他们反感，然后做出相应的行动。与你的团队共享信息。太多的新领导者忘记了询问别人想要表达不同意见的方式——是在公开场合、私下，还是任何时候都可以直言不讳？这能决定你履新入职第一个月成功与否。

4."我们来讨论一下董事会的表现和期望值。"

你可以使用第八章中提供的工具来评估董事会，确定短期目标和长期目标。重申你与他们合作的方式，并就你们将合作的频率和关注的主题达成一致。如果你担任的高管职位不能让你定期接触到董事会，那么你能获得多少关注呢？谁在董事会层面代表你的工作和影响力？你怎样才能提高你的团队在董事会的影响力，怎样才能让董事会经常关注到你的团队？考虑一下你如何与关键的董事会成员建立关系。

5."以下是我计划在下一季度实现的目标。"

现在正是你向董事会和老板承诺在第一个月、第一季度和第一年要实现的目标的好时机。

6. "让我花些时间与公司里的每一个关键角色并肩作战。"

星巴克让每位员工都在星巴克咖啡店工作一个星期。当我和他们管理团队的一些人共事时，让我印象深刻的是，他们的每一位高管都知道如何冲泡符合标准的卡布奇诺咖啡。在那一个星期里，他们穿上了绿色围裙①，这样的经历让他们有了这门好手艺，也让他们对身处业务一线的人员的工作有了深刻的了解。花一个上午的时间在客户服务中心接电话，跟随客户经理去拜访客户，或耐着性子等待技术设计评审。

确定可以让你从基层观察中获益的 5 个业务领域。见见这些基层的人，跟着他们做事，并向他们学习，带着好奇心做这件事。我建议每位高管都这样做。

当你的日程表上有空闲时间的时候，去客户服务中心接电话吧；在高峰期去仓库走走；和你的销售主管一起进行销售拜访；和你的公关团队一起去参加营销会议。想一想你所了解的、想了解更多的所有业务要素。我在 Xbox 工作时加入了一个游戏工作

---

① 星巴克常见的围裙颜色有四种：绿色、黑色、咖啡色、紫色。不常见的颜色有三种：红色、橙色、蓝色。不同颜色的围裙有不同的含义，这其实代表了星巴克内部的一种上下级关系体现。绿色是星巴克标志的主色调，也是所有围裙中最为普及的颜色，但绿色围裙代表的职位最低，所有的普通店员都穿着绿色的围裙。——译者注

室，我就是这样做的。在我工作的第一个星期，我和每个我不了解其工作内容的人坐在一起。我和音乐工作者们坐在一起，他们正在为游戏作曲。我和动画师们坐在一起，和工程师们坐在一起，和其他艺术家们坐在一起。我曾经玩过电子游戏，但与创作者坐在一起，有助于我了解电子游戏的各个部分是如何被组合在一起的，包括如何构建游戏的流程。这是微软收购的一家小型家族企业，我负责收购后的整合工作。但我和人们关于此次收购进行的对话是——它是如何运作的，他们希望发生什么事情但没有发生。这些都是非常有价值的。我在第一周就在那里建立了人际关系，这帮助我能够继续在那里取得成果。想一想你认真了解公司情况 30 天后会是什么样子？你可以跟谁做事？你对哪些业务领域感到好奇，从而能让你更好地了解你的工作？

7."我需要优先会见关键投资人、董事会和我的团队成员。"

新领导者的成功取决于他们所领导的团队的实力，或者重新定位团队和吸引合适的人才来实现他们的企业发展战略的速度和效率。尽早彻底调查你领导的团队需要哪些能力，并评估谁符合这一标准以及在哪些方面你可能需要做出改变。我从来没有遇到过一个高管反映他们的领导层变动太快，但他们会后悔行动不够迅速。相信你的直觉，用具体的短期任务来测试它（例如，如果你不确定某人是否具有考虑长远的战略能力，让他们来找你，告诉你他们对企业长期发展的最佳想法），然后做出决定并继续前进。

8."我还应该见谁，你能帮我介绍一下吗？"

在你与每个人见面时，还要问这个有力的问题。身为新的高管，你需要迅速与公司的老员工建立关系，我所说的老员工并不是指年龄或在职年限。我指的是那些了解公司内部文化、过去的运作方式、现在的运作方式，以及运作方式发生了什么变化的人。这些都是你想与之建立关系的人，因为他们会帮助你走向成功。

9."在接下来的 3 个月里，我需要做出哪些关键的决定？"

我曾经与一家公司合作，该公司的首席执行官规定，在加入公司后的前 6 个月内，所有人都不得为公司做决定。所以只要有人加入，他们就说："你只能边听边学。你可以提出建议，但你不能做任何决定。"这是一个迫使人们深入学习的好方法，但它有点极端，而且确实导致了一些产品发布缓慢的情况出现，而这种情况本来是可以避免的。某人得到了授权，试图迫使人们在行动之前进行学习，这是一个值得思考的有趣概念。在现实中，大多数公司的工作节奏都比这种方法的工作节奏要快。在高管中，尤其是在那些想要证明自己价值的成功高管中有一种倾向,那就是他们希望获得和展示成功,但这可能导致决策冲突——这是公司与新高管发生摩擦的首要原因。你要了解决策通常是如何做出的以及做决策的首选准备是什么。你需要制定决策原则,与你的团队一起重新设定期望——关于你何时以及如何参与决策的期望。

10."我现在坐上了'新任高管过山车'①。"

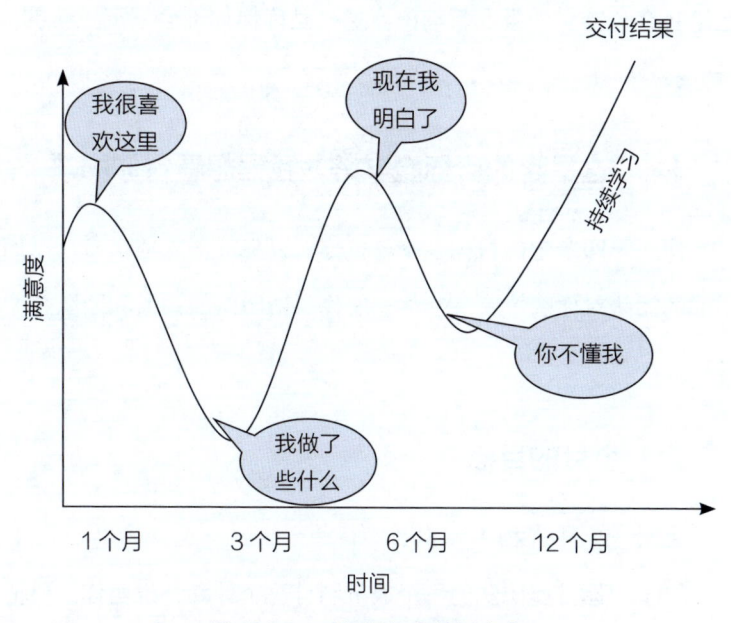

图 10-1 时间新任高管过山车

---

① 见图 10-1。

▶ 坦诚管理：如何营造讲真话的工作环境

新任高管对新职位和新公司的满意度的变化就像坐上了刺激的过山车一样起伏不定。不同的人在这段旅程中的时间线可能会有所不同。在我写本章的时候，一位高管告诉我："瓦尔，仅仅过了 30 天，我就已经到了'我做了些什么？'的阶段。"从你的同事和董事会成员那里了解你可以预期的高峰和低谷以及如何通过它们继续领导和影响他们。高管离职的最大风险出现在任职的前 12 个月里。有个强大的内部顾问团、对成功有清晰的定义、愿意犯错并有从错误中吸取教训的意愿，是确保你不会偏离正轨的 3 种方法。

11. "这是我的目标金字塔，我很想看看你的。"

使用第四章中的目标金字塔，你可以更加深入地学习，以加快你的团队对你的了解。这将充实你与新团队的沟通和团队合作计划。

第一个月的目标

到第一个月结束时，你应该有：

（1）为你直属团队的每个成员制订一个计划，说明你需要他们在短期内关注的地方，以及你要让他们在哪些方面得到发展和拓展。

（2）对销售工作、营销工作、产品开发、财务工作和战略选择进行初步评估，并确定你需要解决的关键问题。

（3）向董事会反馈你的期望和要求。

（4）更新你的个人成长计划。

（5）为提高你的效率而制定的即时策略（技术、行政支持、物流等方面）。

（6）为你的第一个季度的工作计划好速度和顺序。

请在空白处注明你的个人优先事项。

第一个季度的六大有效沟通言辞

1."这是我希望我的团队成长、适应和改变的地方。"

在第一个季度，你需要从评估你的团队开始。你要做的是用上面这句话来说明你想要如何改变。首先看看你所在的公司在3年后应具备的大小和规模，然后现在就去招聘团队。在你的第一个季度，是对你的团队进行决策的时间，把那些不再适合的人剔除出去，培养那些有巨大潜力的人，锻炼那些没有达到目标的人。一旦你的团队就位，就到了激励团队成员的时候了。这包括制订一个计划，通过建立一个值得效仿的董事会来缩小差距。

2. "我已经听取了你们的意见，这里是我们根据你们的反馈意见而确定的优先事项。"

你在第一个月进行的评估将为你的制订计划提供信息。接下来，你将确定你处理事情的速度和顺序，何时参与以及如何参与。每个人都会希望你无处不在帮他们解决问题，你需要决定并告知人们你将如何工作以及你希望其他人对什么负责。

3. "这些是与我有关的事件，我错过了什么？"

花时间了解一下你所在行业的现状以及你的公司在行业中的地位。通过阅读相关书籍、杂志，浏览相关的媒体报道，研究相关的会议内容等，为你提供信息，加深你对所在行业格局的了解。

4. "我只想验证一些细节。"

花时间观察自己的工作领域。如果你有什么地方不确定，就去看看，提出问题。鼓励你的团队也这样做。你将在第一个月得出某些结论。如何测试和验证它们？你很可能是正确的，但通过进一步观察，你可能会看到不同的模式、异常处、事例，它们会让你有更广泛的理解。

5."让我们讨论一下我们的目标以及达成目标的路径。"

明晰这一点,你将有足够的洞察力和信息来决定战略上需要多少方向性的改变。需要一个大转变还是只需微调一下?制订相关计划,并让你的团队和董事会保持意见一致,将是你第一季度的重点关注点。与你的团队和董事会一起完成对客户和市场战略的审查,以达成意见一致。

6."我想验证我对我们的工作方式的观察结果。"

注意你所继承的公司文化。决策是如何做出的?奖励是什么?如何开发产品?客户是如何被谈论的?如何创新?公司的正常工作速度是多少?如何沟通?你想保留什么,又想留下什么?

第一个季度的目标

到第一个季度末,你应该已经:

(1)建立了让自己信任的领导团队。

(2)深入了解了你所在的行业——包括你的竞争对手、你的客户、行业趋势和需求等。

(3)在外界树立起了自己在该领域的专家形象。

（4）设身处地地为他人着想——了解如何进行市场营销和销售、支持客户、处理收购以及开发新产品。

（5）重新制定了战略。

（6）确定了哪些文化需要改变。

第一年的五大有效沟通言辞

1."以下是我第一年计划实现的目标。"

当你加入新团队时，第一年计划实现的目标可能看起来遥不可及，但重要的是要立即开始计划。在你就职的第一个月和第一个季度使用这句话作为指引你的北极星，这会让你集中你的时间和精力，明确什么是衡量标准以及如何定义成功。你可能希望尽早为你的团队和董事会建立可供选择的衡量标准和对成功的定义，以便他们开始关注你的想法。

2."公司对收购的兴趣有多大，历史战绩如何？"

可以通过问这个有力的问题来评估公司发展的意愿和历史。你将概述你的增长目标和收购其他公司，以及首次公开募股或建立合作伙伴关系的方法，它们将作为战略的一部分。与董事会一起制定明确的标准，以提前把握和评估各种机会，这在你需要进行决策时能帮到你。

3."我为自己聘用和培养的团队感到自豪。"

对高管的评估是根据他们建立和培养的团队进行的。你吸引和留住关键领导者的能力将是衡量你成功的标准之一。为你的管理团队的每一位成员制定个人目标，并有针对性地培养未来的领导者。

4."我专注于兑现承诺！"

在就职第一年，兑现承诺或重新设定期望至关重要。确定战略重点领域、计划和运营需求，并积极主动地管理它们。

5."我们是一家你可以创新、尝试和失败的公司。"

在就职的第一年里，你可以影响和改变企业文化。你可以制订加速创新的计划，将其作为企业的战略差异化因素。

第一年的目标

到第一年结束时，你应该已经：

（1）为你所在的公司的业绩带来了重大变化。

（2）确认了你的接班人。

（3）采取了相关措施来改变企业文化，以加速成长。

（4）成为你所在行业的思想领袖，并因你的洞察力而受到邀请。

（5）加强了董事会的实力，为公司的未来发展提供见解和方向。

（6）重新评估了公司未来发展的可能性。

第一年的重点关注领域

高管换届可能会很艰难，这需要充沛的精力、强大的动力和毅力。设定现实的期望，让自己像坐过山车一样，这会帮助你度过高峰期和低谷期。那些身为新领导者并能够迅速取得成果的人，表现出了同理心、谦逊以及有助于推动正确议题的韧性。

要有耐心，有意识，并深思熟虑。睁大眼睛、敞开心扉，并建立值得信赖的顾问网络，以帮助你确定自己在哪里步入了正轨，哪里需要纠正方向。最重要的是，给自己时间庆祝一路走来获得的成功。

既然你已经掌握了履新就职所需的有效沟通言辞，那么我还有最后一些成功秘诀要分享，那就是我曾见过的一些高管跳槽时的出色表现。这些事例中的建议着眼于你的整个生活，而不仅仅是你的工作。我解释过，当你开始在一家公司工作的时候，你是如何拥有空闲日程的。你还将收获另一个美妙的礼物：重塑你人生的机会。在加入一家公司时,许多成功的高管会做的一件事就是重塑他们的人生。

我曾和一位高管谈过话,他加入了一家发展迅速的大型零售店。他说:"瓦尔,我刚开始做一些新的事情。我已经决定把跑步纳入我的早晨例行活动之中,所以现在我每天都跑步。我早早地去跑步,然后开始工作。这是我刚刚决定实施的新计划。"他那时的健康状况大概处于一直以来的最佳状态。这一切都得益于他决定重新塑造自己。有时,外部的变化促使我们做出内部的改变,然后这些变化在外部也能清晰地看到。

我鼓励你思考如何重塑人生,这样当接手新职位后,你就可以和你欣赏的人一起创造你喜欢的工作方式,做你喜欢做的事情。许多成功的高管牺牲了太多他们原本喜欢做的事情,也辜负了太多本应共度时光的人。你不需要这么做。照顾好自己,创造你热爱的生活,这样做所创造的能量对你和你的工作都有极大的好处。

接下来,让我们探索一下创造成功的行动手册,它能帮你吸收本书的要点,并做真实的自己。

第十一章

助你成功的行动手册

> 坦诚管理：如何营造讲真话的工作环境

本章主题

- 蜕皮进化
- 假期反思
- 庆祝回忆
- 适当地点，适当时机
- 把本书推荐给你管理的团队成员
- 如何处理失败
- "那么……什么……"测试
- 对抗阻力
- 验证你的成功
- 提高采取行动的概率

那些只解释"什么"而不解释"如何"的商业书籍不会对领导者和企业产生大的影响。本章深入探讨了"如何"提高实现从本书中所学内容的可能性。它是成功高管使用的工具的集合。它为你提供了用新习惯取代现有习惯，在管理团队中解锁新行为，并在你做出改变的同时通过实施、解构和测试来学习的秘诀。学习世界各地实施这些工具和想法的高管的成功案例，你将把从理论到实施的时间大大缩短。

如果你已经按顺序阅读了本书（这并非必需），此时可能会思考首先要实现什么目标。在决定实现任何目标之前，你都需要问自己一个重要的问题：

"这对我有好处吗？"

蜕皮进化

你知道蛇多长时间蜕一次皮吗？每隔两三个月一次。蜕皮的目的是让蛇能够继续成长，它的旧皮不适合它，所以它需要甩掉旧皮才能长大并变得更加强壮。我看到大多数成功的领导者都摆脱了对他们不再有益的事情。你可能已经在阅读本书的过程中开始实施你的想法了，或者你可能想等读完后再实施。这时，你可以安排自己的蜕皮进化。回顾一下第四章中你的目标金字塔，反思你想舍弃什么，使其成为现实。图 11-1〔由我女儿娜奥米（Naomi）绘制，是我和高管们一起使用的最令人难忘的图表之一〕展示了蜕皮进化的 4 个关键阶段。

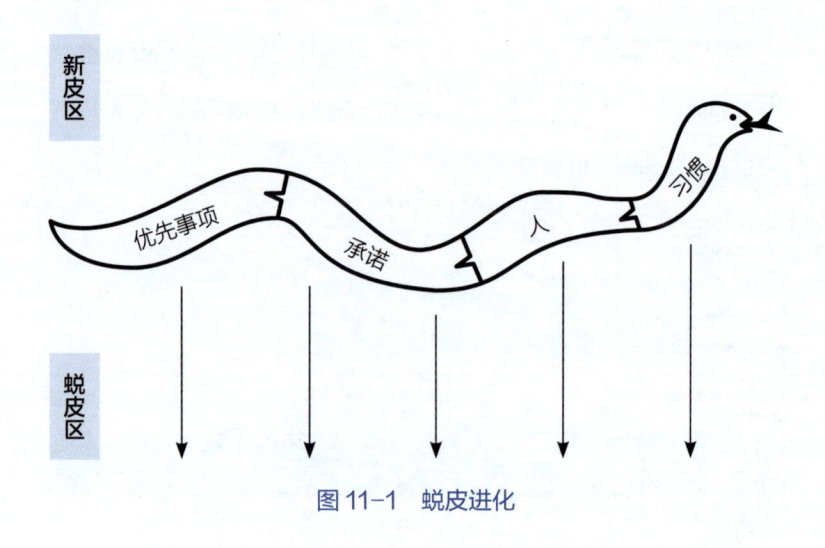

▶ 坦诚管理：如何营造讲真话的工作环境

新皮区

蜕皮区

优先事项　承诺　人　习惯

图 11-1　蜕皮进化

你的蜕皮进化阶段

第一阶段：习惯

考虑一下目前哪些习惯对你没有帮助，把它们记录在图 11-1 中的这条蛇的下面。在这条蛇的上方添加你想拥有的新习惯，代表新的、更强大的你。

第二阶段：人

接下来是我最不受欢迎但最有价值的建议之一：

"你需要跟哪些朋友或同事断绝关系？"

在这条蛇的下方写下，在没有过度思考、争论、内疚或猜测的情况下，生活中所有对你无益、无法使你振奋向上的朋友的名字，或者一想到和他们在一起，你就无法高兴起来的朋友的名字。

在这条蛇的上方写下你没有花足够时间相处的朋友或同事的名字——那些光是想到他们和他们带给你的能量，就已经让你脸上露出笑容的人。

第三阶段：承诺

反思你所有的日常承诺——在你的工作、生活中的那些承诺，并注意哪些是你想放弃的。考虑你想在哪里增加新的承诺，以帮助你实现你的价值。这一阶段可能需要额外的时间和思考。

第四阶段：优先事项

最后，在"蜕皮区"中记下当前默认的优先事项是什么。因为随着工作和生活的要求越来越高，确实需要优先处理的事情要被优先处理，即使是影响力大的人的事情或风险大的项目也必须"让步"。现在要重新梳理你的优先事项，以便你对自己的时间和关注的事情按你的意图进行安排。

现在，你可以利用你从蜕皮进化中得到的洞察力来做出你需要的改变。

🔊 假期反思

另一个大受高管们欢迎的工具是我的"假期反思"。我通常在与我共事的领导者休假的第一天将此发送给他们。无论你是在法国的阿尔卑斯山上滑雪，还是躺在西班牙海滩上晒太阳，又或者在穿越内华达州（Nevada）的公路上旅行，有意识的反思都会帮助你变得神清气爽、在假期结束后脚踏实地地回到工作中。以下是我提出的3个简单问题：

（1）自从上次休假以来，你最自豪的成就是什么？答案可以是你的心态、你的习惯、你的人际关系的改变或者你的业务成果。想想你的整个人生，而不仅是你的工作。

（2）自从上次休假以来，什么给你带来了最大的满足感和快乐？回答具体点：问问自己它能带给你满足感的原因，而不仅仅是什么能带给你满足感。

（3）自从上次休假以来，你对自己有什么了解？

我故意把这个问题设定为"自从上次休假以来"，以便让你关注最近的经历，而不是关注老故事和旧消息。这也有一个很好的作用，就是强迫你注意自己度假的频率。以下是我对假期的定义：

"假期定义：没有电子邮件，没有会议，没有任何工作。"

在你的行动手册中，为你的团队设定一个没有工作的长假。

让助你成功的行动计划加速实施的下一个工具是，利用你的记忆来推动对成就和进步的庆祝。

🔊 庆祝回忆

"5年前的今天"是我留在脸书（Facebook）等社交媒体平台的主要原因。对我来说，1年、3年或10年前对这一天的记忆是重要的基础。虽然我很喜欢看我父亲放在车库里的那些满是灰尘的相册，但每天用数码设备来提醒我过去的时光要方便得多。有时我甚至完全忘记了某个特别的事件或时刻。我喜欢在一天结束时查看社交媒体，回忆去过的地方，和朋友及家人们相处的时光。

你也可以把这一点添加到你的行动手册中。

在你的日历中跳回到一年前的今天。当时你在哪里，你的团队成员有谁，你们刚刚推出了什么产品，你们克服了什么挑战？你还可以主动设置提醒，以纪念产品发布一周年、客户的成功或财务上的里程碑。

庆祝你们取得的成就并记住它们，这可以让你和你的领导团队把注意力集中在正确的地方。有时候，你需要做你自己的"福尔摩斯"，深入解决挑战，但你的默认标准必须恰当。

适当地点，适当时机

在过去的 10 多年中，我一直在使用"适当地点，适当时机"的框架（见图 11-2）来界定首席执行官、董事会成员、其他高管和他们的团队需要集中时间行事的地方。在过去的几年里，我在与管理团队一起工作的过程中逐渐发现，这个框架是如何根据他们公司所处的不同阶段（生存、维护、发展或所有权变更）而灵活变动的。

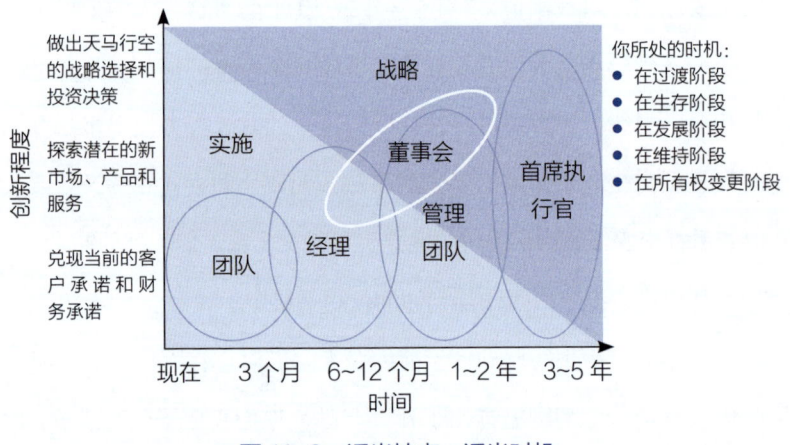

图 11-2　适当地点，适当时机

你可以确定你所在的公司所处的阶段，并根据这个框架来详细安排你自己和你的团队的工作。

你可以对你的团队做出的最有力的几个声明（取决于所处阶段）如下：

在过渡阶段：

"在接下来的 30 天里，我将更多地参与进来，然后我会放手让你们来做。"

在生存阶段：

"我们都将履行不同的职责，直到我们达到这个转折点……"

在发展阶段：

"是时候增强我们团队的能力了，让我们探讨可以在哪些方面增强以及如何增强……"

在维持阶段：

"我们需要创造可预测的成功，让我们商定谁来做什么。"

在所有权变更阶段：

"我们正在为创造新的产出进行优化，这里是正在改变的地方……"

🔊 把本书推荐给你管理的团队

许多领导者重读我的书时，会直接跳到图表和反思练习的部分。另一种读法是以每个团队成员的视角来把本书从头读到尾。

考虑一下你管理的团队的每个成员：谁是榜样，谁还没有掌握经过深思熟虑后说出的语言的力量，你可能需要向谁提供更多的指导？很多首席执行官举办的热门活动是读书俱乐部，每周阅读本书的一章，连续读 11 周，并一起讨论，互相提供反馈意见和建议。

🔊 如何处理失败

现在你已经确定了你和你的团队要关注的地方，让我们来真诚地说这句话：

"你不会总是做对，这没关系。"

第十一章　助你成功的行动手册

我曾接到一位慌张的欧洲高管打来的电话，我对他如此心烦意乱感到惊讶，因为他平时总是一副自信满满的样子。我已经有好几年没有听到过他的消息了。他开始滔滔不绝地举出一连串的例子，表达他对一些通常不会犯的错误的担忧。他刚刚结束了在公司会议上的演讲，觉得自己没有很好地表达出自己的想法。但在那天，他学到了一个重要的教训，这个教训适用于每个人：如何处理失败。

有一个你信任的人，当你做得不好时你可以向他倾诉，这是你在承担更重要的职位和更多的责任时需要的安全保障。在那一刻，我跟那位欧洲高管分享了一个故事，似乎对他有所帮助。我说：

虽然我写过《考虑周到的冷酷无情》这本书，其内容是关于如何管理你的时间、资源和保持精力充沛，但有时我必须坐下来读我自己的书！因为有时生活会比想象得难，我必须完成自己的反思，并找到自己重回正轨的方法。因为在我的工作从完全没有具体的实操任务转变为需要决定有多少创新和增长咨询是需要授权他人处理，有多少需要我亲自处理，在这个过程中，我要确保正在实现自己的目标。

这为这位欧洲高管提供了某种视角，促使他停下来并决定完

219

成他自己的倒计时练习（详见第二章），以便重新设定他的年度目标以及完成年度目标的计划。然后，我分享了我最喜欢的一句引语：

"你并不孤单，我经常看到这种情况，当……"

校准、调整步伐、确认他们并非孤军奋战，这些往往是高管们所需要的安慰和保证。

"那么……什么……"测试

其他时候，我们可能需要用一些大胆的问题来激发我们的思维。例如：

"那么……什么……"

这就是我在与领导团队相处一段时间后总是喜欢问的问题：

- 那么，会发生什么改变呢？
- 那么，业务会受到什么影响呢？

- 那么，需要转变什么行为和习惯才能实现这一目标呢？
- 那么，我们合作后将会看到什么结果呢？

那就是付出的努力和精力得到回报的地方。

但这是一个有些人觉得不太习惯的说法。为了克服使用它的尴尬，许多高管会以引用我的话的方式去说：

"瓦尔会说'那么……什么……'"

当你难以启齿之时，引用别人的话是一种很好的策略，可以让你的信息得到变向传递。如果你觉得直言不讳具有一定的挑战性，这种方式很适用。

🔊 对抗阻力

在我们结束本书的阅读之旅之前，我想给你留下一份清单，上面列出了你可能遇到的典型阻力以及对抗这些阻力的有效沟通言辞。如果你在未来遇到这些阻力，这就是你的快速行动指南。

若是无人能做出决定：

"我们是在辩论阶段还是在结论阶段?"

"你还有其他问题吗?还是让我来总结一下?"

若是决策的所有权不明确:

"我们应该让你参与决策的整个过程,还是完全不让你参与?"

若是陷入没完没了的讨论循环:

"让我们继续前进吧。"

若是想终止冗长的谈话,使谈话变得简洁:

"2分钟后,请跟我聊一聊经营业绩……"

"我看到了你对这个话题的热情,但我想知道你需要我做什么?"

"你有什么事要问我或者需要做出什么决定吗?"

"我喜欢听你的故事,但它的主题是什么?让我们从这里开始……"

"我可以简要重述一下吗?我想我知道要点了,那么,你建议我们做什么?"

避免拖延战术：

"时间的流逝不会改变现有的局势，所以我们现在就决定……"

"我们之前讨论过这个问题，在做出决定时，我们遗漏了什么？"

"我们似乎没有时间进行现场谈话。你着急处理的问题解决了吗？"

"你似乎在拖延决定，我说得对吗？如果是这样，为什么？"

避免时间被占用：

"在这次会议上，我们要做3个决定……"

"我们已经完成了议程，我们节省了11分钟时间，再见！"

"我现在还不能优先考虑那个问题……"

"你希望在我们的会议上达到什么目的？"

"我必须有效地安排处理事情的优先次序，你有具体的要求吗？"

"我们需要一起调整定期会议的节奏……"

行动起来：

"我们这样做吧……"

"大家都同意吗？我们行动吧……"

"现在有什么理由不继续呢？"

"我已经准备好说'是'了。大家有不同意见吗？"

当你被拖入拖延战术时：

"这对我们的五年战略有什么帮助？"

"大家都清楚我们在优化什么吗？"

"你必须亲自参与吗？"

"你和你的团队在这件事上扮演什么角色？"

"我不需要这种程度的细节，你也不必考虑那么细。"

"让我们从拖延中走出来。"

"你的团队是否要求你参与其中，或者是什么在推动这一切？"

验证你的成功

让我们花点时间来验证你在本书中已经学到的内容。

（1）我如何创造能影响他人的、讲真话的公司氛围？

（2）身为新上任的高管，最快实现业绩的方式是什么？

（3）我怎样才能影响董事会会议，使其更有成效？

（4）我如何改善公司与外部媒体和投资者的关系？

（5）我如何为我的管理团队设定恰当的绩效标准？

（6）我怎样才能知道别人对我说的是不是真话？

（7）我如何帮助我的团队设定更大的目标？

（8）我怎样才能测试雄心勃勃、大胆的登月计划？

（9）我怎样才能迅速改变自己的习惯？

（10）我如何将我的人际关系网升级到恰当的高度？

（11）我如何快速评估并把管理团队成员更换成合适的人选？

（12）我如何理解并实现我的真正目标？

（13）我如何帮助身边的人探索新的想法？

（14）我该怎样简明扼要地表达我的意思？

（15）成功的高管有哪些特点？

提高采取行动的概率

在每一次互动活动结束时，我都会要求参与的领导者写3个数字"3"。第一个"3"是让他们记下他们认为本书中最有影响力的3个部分。第二个"3"是让他们分享3个"那么……什么……"——这将如何对他们的业务或他们的整个生活产生影响。最后一个

"3"是让他们写下他们在读完这本书后将会采取的 3 个行动。

当你写下你的行动计划时,你采取行动的概率便会被提高。如果你与另一个人分享你的行动计划,就会进一步增加你说到做到的概率。提高你成功概率的最后一个方法是,你在接下来的 24 小时内采取行动。我希望你看看时间,注意到你的 24 小时在一分一秒地流逝,就像基弗·萨瑟兰(Kiefer Sutherland)主演的著名电视剧[①]中的一集一样。想象你传达目标并提高你的绩效和利润的能力正"处于险境"。我最后再说一句会对你们有用的话,如下:

"3……2……1……行动!"

[①] 指《24 小时》(*24 Hours*),讲述一天内美国反恐局进行的一系列反恐行动,主人公杰克·鲍尔(Jack Bauer)在 24 小时内在家庭、国家之间进行抉择,最终打败恐怖分子。每一集描述一个小时内发生的事件,剧中频繁出现数字计时器,向观众提醒时间在一分一秒地流逝。——译者注

重点用语

第一章

讲真话的有效沟通言辞：

"我很好奇，是什么促使你给我这本书？我很想听听理由。"

"恕我直言，因为我不知道比直话直说更好的办法。"

"我需要你对这个收购策略提出未经过滤的建议。"

"还有没有其他人认为我们正在做的这件事顺序不对？"

"让我们暂停这次谈话，分享一些内心的想法……"

"当我听大家讲的时候，突然想到……"

"谁想先来分享一下对这次谈话的看法？"

"这与你通常的互动方式不同，其他人看到了吗？"

准备讲真话的对话：

"我在此的目的是……"

"现在是分享某些想法的好时机吗，或者什么时候可以？"

"我就直言不讳了……"

"如果让我讲真话，我会简单地说……"

"我正在努力变得更直接，所以请让我说……"

"还有没有其他人认为我们这样做的顺序不对？"

"我很乐意分享我的观察，现在是个好时机吗？"

切入问题的核心：

"我持相反的观点……"

"还有没有其他人认为我们这样做的顺序不对？"

"以下仅是我的经验之谈……"

"我想分享一下我注意到的一个模式……"

"这仅是我最初的印象，但我想你会想听……"

"我不知道你是否从其他人那里听说过这个……"

"什么时候是与你分享想法的最佳时机？"

"我对这个项目有顾虑，必须让你听一下……"

"我有一个与团队其他成员不同的观点……"

"在我们继续进行之前，我可以分享另一种方法吗？"

"本着讲真话的精神……"

"既然我们承诺要讲真话，我现在就来实践一下……"

"我们上次开会的时候，我很好奇你对会议的感受。"

"我很想听听你是否认为那次谈话按计划进行了……"

"你认为团队在那次谈话中是否示范了讲真话？"

"我可以分享一下我是如何观察到它的吗？"

结束讲真话的对话:

"我很感激你能倾听并考虑我的观点。"

"我知道这可能很难接受,但我想与大家分享一下。"

如果对讲真话的回应并不顺畅:

"我会给你一些时间考虑,然后再继续谈话。"

第二章

设定与维持业绩:

"与我们目前从事这项工作的一半的人相比,这位应聘者的表现更为优秀吗?"

"如果他们的表现和安妮塔的表现一样好,那又有什么区别呢?"

"绩效是会影响其他人的。是好还是坏,由你来决定。"

"我们都知道目标以及如何实现目标吗?"

"你有与公司战略相关的书面目标吗?"

"你认为是什么阻碍了你发挥出能实现目标的能力?"

"要怎样才能让我的团队积极主动地跟进并实现目标?"

"怎样才能使接下来的 12 个月成为你最好的一年?"

准备反馈:

"我很想了解……"

"你能从不同的角度来看待这个问题吗？"

"对我来说，重要的是我要听到你坦诚的反应……"

"告诉我你对……的看法好吗？"

自我评价的力量：

"分享一下你将如何评估你在这个项目中的成功……"

"哪些职能部门会将其评价为成功或有改进的余地？"

打探他人的反应：

"我很想听听你的回应……"

"告诉我你对……的看法好吗？"

"如果你真的很坦诚，你会怎么说？"

"告诉我一些你认为我不知道的事情……"

"你还能告诉我什么……"

"我希望有更多的例子……"

若是期望落空：

"我担心你没有履行承诺……"

"你能做到这一点至关重要，而我并不是一直都能看到这一点。"

"还有什么是我应该知道的导致这种情况发生的原因吗？"

"你认为，回到正轨的现实计划是什么？"

"你需要我提供什么支持,才能在季度末前赶上进度?"

第三章

让别人合作:

"只有被大声说出来的时候,话语才会起作用。"

"你今天醒来了,你可真幸运啊!"

"你的身体可能没什么问题,但内心真的毫无波澜吗?"

"这对你有什么影响,我能提供什么帮助?"

"我的手在你的背上。"

"我支持你。"

"我认为我们的目标有些混乱……"

"我有 3 个主题:a、b 和 c。你还有什么其他想聊的吗?"

"我们现在开会的合适频率应该是怎样的?"

"播种、浇水、走开、返回、收获。"

"也许是我解释得不够好……"

"让我来解释一下这个想法的价值和影响……"

"这个视角很独特,请再多做些解释……"

"你需要我做些什么?"

"我还没想明白该怎么做……"

"我想征求你对……的建议。"

"我犯了一个错误,如果你能帮我解决这个问题,我将不胜感激……"

"这个项目并非没有风险，我想听听你就……提出降低风险的建议。"

第四章

有创意的内部沟通：

"可以告诉我你的故事吗？"

"你的故事的开场白是什么？"

"请跟我说说你在……的时候听过的一首励志歌曲。"

"在做出决定前，我们需要让谁参与进来？"

"我们已经做出了决定，谁需要帮忙实施？"

"我们应该请谁来帮忙评估这件事的进展？"

第五章

将客户置于你所在的公司的核心位置：

"我们怎样才能创造出让人意想不到的东西？"

"这一步怎么才能更令人愉快，更令人兴奋呢？"

"我们怎样才能让我们的客户更舒适？"

"我们怎么才能抛开传统，进行尝试呢？"

"我们如何才能提出真诚的问题并得到具体答案，然后按答案采取行动？"

"我们如何提供创新的方法，吸引我们的客户进行更多的投资？"

"我们的客户希望以何种方式收到我们的消息以及多长时间收到一次？"

"哪些行为对我们的客户很重要，我们该如何改进？"

"我们对客户的意图是什么，我们将如何实现这一意图？"

"如果我们要选择公司博物馆的展览品，那么会选择展出什么？"

"我们真正关心他人的什么，期待他人怎样？"

"我们为什么在这里，我们为什么如此重要？"

"每一位客户都能一直……"

"我们对员工的承诺是……"

"我们正在倾听，以下是如何……"

第六章

登月计划：

"我们将专注于我们已知的战略，并完美地实施它们。"

"我们内部有哪些可用的人，我们需要外界的帮助吗？"

"作为一个管理团队，以下是我们将如何支持这个……"

"有什么是其他人没有尝试过的？"

"什么是可能的和极其可能的？"

"我们的独特定位是创造什么?"

"还有哪些国家或地区在这方面处于前沿?"

"如果我们不担心失败,我们会做什么?"

"我们能为客户的生活带来哪些改变?"

"其他行业中有哪些技术可以为我们所用?"

"如果有一笔意料之外的 100 万美元投资,我们会把它花在哪里?"

"你能说出哪些与登月计划有关的故事,把这些关键点连接在一起?"

"在这些公司或行业中,你认识哪些人,我们可以见面吗?"

"如果今天你要彻底改造公司,你会改变什么?"

"在新冠肺炎疫情期间,我们公司发生了什么变化?"

十大有力正面反驳(见表 1):

表 1　十大有力正面反驳

意见反馈	正面反驳
"我们以前尝试过。"	"我想了解得更多一些……"
"太复杂了,无法解决。"	"让我们来看看哪些部分很复杂……"
"最后三次失败了。"	"我很好奇有什么不同……"
"我们的竞争对手做得更快/更好。"	"他们有什么是我们没有的?"

续表

意见反馈	正面反驳
"你的假设是错误的。"	"我们分成小部分说吧,这样我可以听到更多……"
"你为什么确信自己可以做到?"	"我相信我们能做到,你呢?"
"我们调查这个是在浪费时间。"	"我们能做些什么呢?"
"没人相信这行得通。"	"出于相同的原因,还是出于不同的原因?"
"风险太高了。"	"如果我们克服了这些困难,有什么好处?"
"这样做不对。"	"多告诉我一些情况。"

第七章

如何去爱你的情绪:

"愤怒的时候,要保持好奇心。"

"你需要有人帮忙,还是只需要宣泄一下?"

"你是在宣泄情绪,希望我侧耳倾听,还是在抱怨诉苦,希望得到帮助?"

"我注意到了一个规律:你注意到了你不喜欢的东西,却没注意到你做了什么"

"你在那次会议上表现得太棒了!"

"花1分钟时间,写下你现在有的3种情绪。"

"我希望我能收回那句话!"

"你为什么不分享你真正关心的事情呢？"

"你的话听起来很沮丧，背后的原因是什么？"

"你关心的是 A 还是 B，还是别的什么？"

质疑人身攻击：

"这是你想直接与他分享的反馈意见吗？或许可以从直接的反馈意见开始说？"

"你关心的是他个人，还是他正在做的项目？"

"这是不是太苛刻了，你真的应该告诉我们这些吗？"

分享你的观点：

"以下是我在此期间的发现……"

"我是根据最近的三个项目得出这个观点的……"

质疑毫无根据的观点：

"你是怎么得出这个结论的？"

"是什么让你形成了这个观点？"

"那是基于你在这里或其他地方所观察到的情况吗？"

面对内部笑话时：

"这听起来很有趣，我错过了什么？"

掩盖真相：

"我觉得这里可能有更多我需要了解的内容……"

"你是否有更多的背景或信息可以分享？"

"我错过了什么？"

不与他人沟通：

"收到，我可能需要几天时间，我会在……之前回复您。"

"收到，我有几件事需要优先考虑，我将在下个星期回复您。"

"感谢您的提问，我们安排下个星期通个电话吧。"

保持联系，防止不与其他人沟通：

"我答应过要在……之前给您答复，但我还需要几天时间。"

"很抱歉耽搁了，您会在……之前收到我的消息。"

"我可以回答您的第一个问题，但先让我们讨论一下其他的问题……"

打破他人的沉默：

"请问我什么时候能收到您的回复吗？"

"我很想在……之前收到您的消息，因为……"

"我很想在……之前收到您的消息，如收不到回复，我将……"

应对始终沉默的最后手段：

"没有您的回音很不寻常，您能告诉我，您一切都还好吗？"

应对公司流行语：

"对你来说，这意味着什么？"

给啰唆者的建议：

"如果一句话就能奏效，何必花费精力说一段话呢？"

"如果一个词就能奏效，何必花费精力说一句话呢？"

"如果沉默就能奏效，何必花费精力说一个词呢？"

第八章

为董事会提供动力：

"这是我们的退出计划和预期的时间窗口。"

"让我们从战术上提升一下。我真的想听听你们对……的建议。"

"你在××领域认识谁？"

"做你自己，这样寻找你的人就能找到你。"

第九章

把外部沟通互动转化为你的优势：

"与外界沟通是影响员工的最快方式之一。"

"啰唆不会收到感谢。"

"我想让我的受众记住哪3条信息?"

"请问可以让我们像观众那样看一看你的对外演讲稿或视频吗?"

"别这么说,试试那么说……"

第十章

接手新职位时的有效沟通言辞:

"让我们为你在这里第一年的工作做好准备。"

"以下就是我计划如何使用我的时间、精力和资源的方式。"

"让我们分享共同的期望。"

"你喜欢如何沟通、如何表达不同意见、如何做决定?"

"我们来讨论一下董事会的表现和期望值。"

"以下是我计划在下一季度实现的目标。"

"让我花些时间与公司里的每一个关键角色并肩作战。"

"我需要优先会见关键投资人、董事会和我的团队成员。"

"我还应该见谁,你能帮我介绍一下吗?"

"在接下来的3个月里,我需要做出哪些关键的决定?"

"我现在坐上了'新任高管过山车'。"

"这是我的目标金字塔,我很想看看你的。"

接受新职位的第一个季度的有效沟通言辞:

"这是我希望我的团队成长、适应和改变的地方。"

"我已经听取了你们的意见,这里是我们根据你们的反馈意见而确定的优先事项。"

"这些是与我有关的事件,我错过了什么?"

"我只想验证一些细节。"

"让我们讨论一下我们的目标以及达成目标的路径。"

"我想验证我对我们在此工作方式的观察结果。"

接受新职位的第一年的有效沟通言辞:

"以下是我第一年计划实现的目标。"

"公司对收购的兴趣有多大,历史战绩如何?"

"我为自己培养和聘用的团队感到自豪。"

"我专注于兑现承诺!"

"我们是一家你可以创新、尝试和失败的公司。"

第十一章

助你成功的行动手册:

提高效率:

"这对我有好处吗?"

"你需要跟哪些朋友或同事断绝关系?"

"假期定义：没有电子邮件，没有会议，没有任何工作。"

你可以对你的团队做出的最有力的几个声明（取决于所处阶段）如下：

在过渡阶段：

"在接下来的 30 天里，我将更多地参与进来，然后我会放手让你们来做。"

在生存阶段：

"我们都将履行不同的职责，直到我们达到这个转折点……"

在发展阶段：

"是时候增强我们团队的能力了，让我们探讨可以在哪些方面增强以及如何增强……"

在维持阶段：

"我们需要创造可预测的成功，让我们商定谁来做什么。"

在所有权变更阶段：

"我们正在为创造新的产出进行优化，这里是正在改变的地方……"

如何处理失败：

"你不会总是做对，这没关系。"

"你并不孤单，我经常看到这种情况，当……"

"那么……什么……"的测试：

"那么……什么……"

"瓦尔会说'那么……什么……'"

若是无人能做出决定：

"我们是在辩论阶段还是在结论阶段？"

"你还有其他问题吗？还是让我来总结一下？"

若是决策的所有权不明确：

"我们应该让你参与决策的整个过程，还是完全不让你参与？"

若是陷入没完没了的讨论循环：

"让我们继续前进吧。"

若是想终止冗长的谈话，使谈话变得简洁：

"2分钟后，请跟我聊一聊经营业绩……"

"我看到了你对这个话题的热情，但我想知道你需要我做什么？"

"你有什么事要问我或者需要做出什么决定吗?"

"我喜欢听你的故事,但它的主题是什么?让我们从这里开始……"

"我可以简要重述一下吗?我想我知道要点了,那么,你建议我们做什么?"

避免拖延战术:

"时间的流逝不会改变现有的局势,所以,我们现在就决定……"

"我们之前讨论过这个问题,在做出决定时,我们遗漏了什么?"

"我们似乎没有时间进行现场谈话。你着急处理的问题解决了吗?"

"你似乎在拖延决定,我说得对吗?如果是这样,为什么?"

避免时间被占用:

"在这次会议上,我们要做 3 个决定……"

"我们已经完成了议程,我们节省了 11 分钟时间,再见!"

"我现在还不能优先考虑那个问题……"

"你希望在我们的会议上达到什么目的?"

"我必须有效地安排处理事情的优先次序,你有具体的要求吗？"

"我们需要一起调整定期会议的节奏……"

行动起来：

"我们这样做吧……"

"大家都同意吗？我们行动吧……"

"现在有什么理由不继续呢？"

"我已经准备好说'是'了。大家有不同意见吗？"

当你被拖入拖延战术时：

"这对我们的五年战略有什么帮助？"

"大家都清楚我们在优化什么吗？"

"你必须亲自参与吗？"

"你和你的团队在这件事上扮演什么角色？"

"我不需要这种程度的细节，你也不必考虑那么细。"

"让我们从拖延中走出来。"

"你的团队是否要求你参与其中，或者是什么在推动这一切？"

"3……2……1……行动！"

参考文献

第一章

1. Wilkinson, A (2021) Americans believe in work. WeWork preyed on that instinct, Vox.

第三章

1. Johnson, S, Hekman, D and Chan, E (2016) If there's only one woman in your candidate pool, there's statistically no chance she'll be hired, *Harvard Business Review*.

第五章

1. Lucas, A (2020) Starbucks CEO says customers may only be able to order via drive-thru or mobile due to coronavirus, *CNBC*.
2. Nassetta, C (2020) Hilton's response to novel coronavirus, *LinkedIn*.

第六章

1. Gagliordi, N (2019) Zillow awards $1 million to data scientists for improving its Zestimate algorithm, *ZDNET*.

第七章

1. Kashdan, T and Biswas-Diener, R (2014) The right way to get angry, *Greater Good*.

2. Acevedo, E (2018) *The Poet X*, Harper Teen.

第八章

1. Winkler, R (2019) For WeWork investor Benchmark, a struggle to balance board duties with founder support, *Wall Street Journal*.

第九章

1. Microsoft (2021) The next great disruption is hybrid work-are we ready?